컴퓨팅 기반 문제해결

—— with 파이썬 최신판

장은실 지음

INFINITYBOOKS
인피니티북스

장은실 (Jang Eunsill)
esjang@joongbu.ac.kr

2001년 동국대학교 교과교육학과 컴퓨터교육전공 (교육학석사)

2007년 동국대학교 일반대학원 컴퓨터공학과 (공학박사)

2008년~2011년 동국대학교 산업기술연구원 전임연구원

2016년~2018년 ㈜명리 개발지원팀 이사

2018년~2020년 성균관대학교 소프트웨어대학 초빙교수

2020년~2021년 한양대학교 소프트웨어학부 SW교육전담교수

2021년~현재 중부대학교 학생성장교양학부 조교수

관심분야 : SW교육, SW융합교육, 컴퓨팅기반문제해결, 데이터분석교육, 인공지능교육, etc.

컴퓨팅 기반 문제해결
——— with 파이썬 [최신판]

인쇄 2023년 02월 17일
발행 2023년 03월 03일

저자 장은실
발행인 성희령
발행처 INFINITYBOOKS | **주소** 경기도 고양시 일산동구 하늘마을로 158, 대방트리플라온 C동 209호
대표전화 02)302-8441 | **팩스** 02)6085-0777
기획팀 채희만, 임민정 | **영업팀** 최형진, 이호준 | **마케팅팀** 한석범 | **편집팀** 한혜인, 임유리 | **경영관리팀** 이승희

도서문의 및 A/S지원
홈페이지 www.infinitybooks.co.kr | **이메일** helloworld@infinitybooks.co.kr

ISBN 979-11-85578-93-4 | **등록번호** 제2021-000018호 | **판매정가** 20,000원

머리말

우리가 살고 있는 세상은 대부분이 SW(소프트웨어)로 이루어져 있다. 아침에 일어나기 위해 설정해 놓은 알람부터 잠들기 전까지 손에서 놓지 않는 스마트폰으로 즐기고 있는 게임, SNS 등이 바로 SW이고 우리는 이러한 SW와 더불어 살아가고 있다.

지금은 SW를 이용만 하는 것이 아니라 읽고 쓰고 계산하는 능력과 함께 SW를 만드는 프로그래밍 능력을 필요로 하는 시대이다. 프로그래밍은 코딩이라고도 하는데, 컴퓨터가 이해할 수 있는 언어로 컴퓨터와 소통하여 원하는 대로 동작하도록 한다. "영어보다는 코딩을 배우는 것이 더 중요하다고 생각한다."라고 애플 CEO 팀 쿡은 인터뷰에서 말한바 있다. 4차 산업혁명 시대를 살아가는 현대인들에게 사람과 소통하는 언어 외에도 컴퓨터와 소통할 수 있는 언어를 하나 이상 알아야 하는 시대가 된 것이다. 이제 코딩 기술은 인문, 사회, 예술, 교육, 자연, 공학 등의 모든 분야에서 문제해결을 위한 디지털 시대의 필수 도구가 되었다. 이에 많은 기업의 신입사원 선발 및 승진 시험에서 코딩과 관련된 평가가 시행되고 있다. 대부분의 분야가 SW로 이루어져 있다 보니 코딩으로 문제를 해결하는 능력은 더이상 선택이 아닌 것이다. 이러한 수요에 따라 한국 정부도 2019년 12월 "전국민 SW · AI 교육 확산 방안" 정책을 발표하였다. 지역 사회, 일터, 학교, 교육 문화에 이르기까지 언제 어디서나 직군별 · 생애주기별 맞춤형 SW · AI 학습이 가능한 교육시스템을 구축하게 되었다.

이러한 시대적 흐름 속에서 코딩에 어려움을 겪는 많은 사람들에게 조금이나마 도움이 되고자 본 교재를 집필하였다. 본 교재를 통해 모든 학습자들이 프로그래밍에 흥미를 가지고 아이디어나 문제를 컴퓨팅 기반으로 코딩하여 해결하는 데 도움을 받았으면 한다.

또한 파이썬으로 하는 문제해결 코딩은 향후 데이터 분석, 인공지능 등의 분야로 확장할 수 있는 좋은 시작이 될 것이다.

끝으로 본 교재를 집필하는 동안 격려해 주신 많은 분들과 인피니티북스에 깊은 감사의 말씀을 전한다.

2022년 1월
저자 장은실

강의 계획

주차	교재	제목	주요 내용
1	1장	왜 파이썬인가?	– SW와 변화하는 세상
2	2장	컴퓨팅사고와 문제해결	– 컴퓨팅사고 이해, 컴퓨팅사고 4단계 – 알고리즘 이해와 표현
3	3장	파이썬으로 하는 문제해결	– 프로그래밍 언어 이해 – 파이썬 개발 환경 구축 및 실행 구조
4	4장	순차구조와 문제해결(1)	– 변수 개념, 산술 및 문자열 연산자 – 표준 입력과 출력 함수
5	5장	순차구조와 문제해결(2)	– 기본 자료형, 대입 연산자 – 다양한 출력 형태
6	6장	자료 형태와 문제해결(1)	– 리스트, 튜플
7	7장	자료 형태와 문제해결(2)	– 딕셔너리, 세트
8		중간고사	
9	8장	선택구조와 문제해결(1)	– 관계 및 논리연산자 – if~else, if~elif~else, 중첩 if~else등
10	9장	선택구조와 문제해결(2)	– 선택문과 자료구조 활용 – 중첩 선택문 활용
11	10장	반복구조와 문제해결(1)	– while, for, break, continue 등
12	11장	반복구조와 문제해결(2)	– 반복문과 자료구조 활용 – 중첩 반복문, 중첩 제어문 활용
13	12장	제어문 종합 활용 문제해결	– 제어문을 종합적으로 활용한 문제해결
14	13장	특정 작업의 수행과 문제해결	– 함수 개요, 사용자 정의 함수 작성 및 호출 – 함수의 변수 유효 범위 등
15		기말고사	

목차

01

Computing based Problem Solving

왜 파이썬인가?

학습목표

- 소프트웨어(SW)와 변화하는 세상에 대하여 이해할 수 있다.
- 파이썬이 인기 있는 이유에 대하여 설명할 수 있다.
- 파이썬으로 할 수 있는 것들을 설명할 수 있다.

1.1 SW와 변화하는 세상

4차 산업혁명 시대를 맞이하면서 컴퓨터와 인터넷 기술을 토대로 혁신적으로 기술이 발전하며 진화하고 있다. 이러한 기술들은 대부분 SW를 기반으로 이루어져 있다. SW와 변화하는 세상에 대하여 알아보고, 파이썬에 대한 특징과 분야들을 살펴본다.

4차 산업혁명의 도래는 학문 간 장벽을 허물고 정보통신 기술을 비롯한 인공지능, 로봇, 사물인터넷 등 다양한 산업들이 결합되어 우리의 삶을 크게 변화시켰다. 과거에는 한 분야에서 독보적이고 뛰어난 기술을 보유하는 것이 의미 있었다면, 이제는 서로 다른 분야들과의 관계를 찾아 연결하여 새로운 가치를 창출할 수 있는 것이 중요하게 되었고, 이는 4차 산업혁명을 이끌 핵심 요소가 되었다.

4차 산업혁명 시대에는 자신이 속한 분야에서 4차 산업의 본질을 이해하고 능동적으로 일할 수 있는 능력이 필요하다. 4차 산업혁명 키워드는 초연결, 초융합, 초지능, 초현실 등의 현상적으로 표현할 수 있지만 결국 모든 분야는 SW로 구현하게 된다. 정부는 '전 국민 SW · AI 교육 확산 방안' 정책을 발표하였고 정보 기술 중에서도 컴퓨터 SW를 직접 제작하거나 활용하는 능력은 전공을 불문하고 보편적으로 갖추어야 하는 기본소양이 되었다. 국 · 내외 대학에서는 컴퓨팅사고와 컴퓨터 프로그래밍 언어 교육을 필수화하고 있다. 미국, 중국, 일본 등 SW분야 주요 선진국들은 SW전문 인재 양성 방안을 국가 경쟁력 차원에서 전략적으로 수립하고 있고, 국내에서는 SW중심대학 사업을 통하여 전공자는 글로벌 경쟁력을 갖춘 실무형 인재로, 비전공자는 타 전공지식과 SW소양을 겸비한 융합형 인재로 양성시키고 있다.

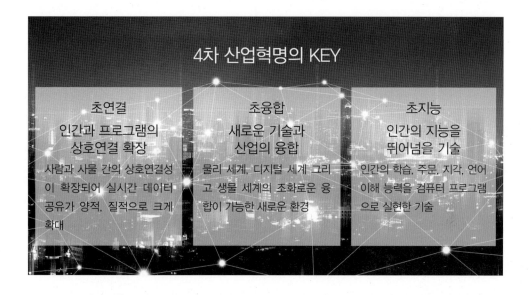

SW는 자신의 영역에 컴퓨터과학 원리와 개념을 활용하여 논리적으로 풀어낼 수 있는 방법을 통하여 구현한다. 우리는 이러한 방법을 컴퓨팅사고라고 하는데, 컴퓨팅사고를 함양할 수 있는 효율적인 도구가 바로 프로그래밍 언어이다. 프로그래밍 언어로 코딩하는 과정 속에서 컴퓨팅사고를 기를 수 있는 것이다. 이에 전 세계는 보다 효율적인 문제해결을 위하여 컴퓨팅사고와 프로그래밍을 능력을 함양하기 위한 방법으로 코딩교육에 힘을 쏟고 있다.

1.2 파이썬이 인기 있는 이유

우리는 수많은 프로그래밍 언어 중 왜 파이썬을 선택해서 배우는가? 이유는 간단하다. 무료이면서 쉽게 배울 수 있기 때문이다. C++와 같은 프로그래밍 언어는 컴퓨터에게 구체적이고 세세한 명령을 제시해야 한다. 아래 표의 출력하는 예를 보면 쉽게 이해할 수 있다.

C++	파이썬

`#include <iostream>`
`using namespace std;`
`int main() {`
`    int x = 10;`
`    cout << x << endl;`
`    return 0;`
`}`
	`x = 10`
	`print(x)`

파이썬은 단 두 줄로 훨씬 간결하고 쉽게 표현한다는 것을 알 수 있다. 더욱이 파이썬은 자주 사용하는 영어 단어로 명령어가 이루어져 있기 때문에 사용하기 쉽고 가독성이 매우 높다.

단순히 쉽다는 이유라면 코딩 교육용 프로그래밍 언어가 더 좋다고 생각할 수도 있다. 다음 그림의 프로그래밍 언어 순위에서 알 수 있듯이 스크래치와 같은 교육용 프로그래밍 언어와는 달리 파이썬은 실무와 다양한 전문 분야에서 많이 사용되고 있기 때문에 파이썬을 선택하는 것이다.

2021년 11월	2020년 11월	변동	프로그래밍 언어	비율	변화율
1	2	∧	Python	11.77%	−0.35%
2	1	∨	C	10.72%	−5.49%
3	3		Java	10.72%	−0.96%
4	4		C++	8.28%	+0.69%

5	5		C#	6.06%	+1.39%
6	6		Visual Basic	5.72%	+1.72%
7	7		JavaScript	2.66%	+0.63%
8	16	⋀	Assembly language	2.52%	+1.35%
9	10	⋀	SQL	2.11%	+0.58%
10	8	⋁	PHP	1.81%	+0.02%
11	21	⋀	Classic Visual Basic	1.56%	+0.83%
12	11	⋁	Groovy	1.51%	−0.00%
13	15	⋀	Ruby	1.43%	+0.22%
14	14		Swift	1.43%	+0.08%
15	9	⋁⋁	R	1.28%	−0.36%

구글의 경우 소프트웨어의 50% 이상이 파이썬으로 개발되었다. 이외에도 자주 이용하는 유튜브, 페이스북, 인스타그램, 드롭박스 등의 애플리케이션들도 파이썬으로 만들어졌다.

파이썬을 선택하는 또 다른 이유 중에 하나는 프로그래밍 언어를 공부하기 편하다는 것이다. 많은 정보가 공유되고 있어 어려운 점이 생겼을 때 인터넷 검색을 통해 쉽게 해결할 수 있다. 수많은 SNS를 통하여 기본적인 문법을 공부할 수 있고 다양한 학습 도구가 제공되기도 한다.

마지막으로 파이썬을 선택하는 이유는 강력하다는 것이다. 어느 환경이든 사용할 수 있고 다른 프로그래밍 언어와 결합하여 다양한 환경에서 쉽게 실행할 수 있다. 예를 들면 프로그램의 전반적인 뼈대는 파이썬으로 만들고, 빠른 실행 속도가 필요한 부분은 C로 만들어서 파이썬 프로그램 안에 포함시킨다. 우리가 사용하는 파이썬 라이브러리 중에는 파이썬만으로 제작된 것도 많지만 C로 만든 것도 많다.

파이썬 특징

1. 문법이 쉽고 프로그램 작성이 간단하다.
2. 오픈소스 프로그램으로 무료이며, 수많은 라이브러리가 제공된다.
3. 실무에서 많이 활용된다.
4. 학습 환경이 풍부하다.
5. 다른 프로그래밍 언어와 결합하여 다양한 환경에서 실행 가능하다.
6. 개발 기간 단축에 초점을 둔 언어로 개발 효율성이 좋다.

1.3 파이썬 활용 분야

파이썬으로 할 수 있는 일은 아주 많다. 이유는 간단하다. 파이썬은 쉽고 깔끔하게 처리할 수 있기 때문이다. 파이썬이 활용되는 분야를 나열하면 수도 없이 많지만 대표적으로 정리하면 다음과 같다.

시스템 유틸리티 제작

파이썬은 운영체제(윈도우, 리눅스 등)의 시스템 명령어를 자체적으로 가지고 있다. 그렇기 때문에 이를 바탕으로 갖가지 시스템 유틸리티를 만드는 데 유리하다. 유틸리티란 컴퓨터 사용에 도움을 주는 여러 소프트웨어를 말한다.

GUI 프로그래밍

GUI(Graphic User Interface) 프로그래밍이란 사용자가 쉽게 사용할 수 있도록 화면에 마우스나 키보드로 조작할 수 있는 메뉴, 버튼, 그림 등을 추가한 그래픽 기반의 프로그램을 말한다. 파이썬은 GUI 프로그램을 만들기 쉽다. 파이썬 프로그램을 설치할 때 함께 설치된 Tkinter(티케이인터)를 이용하여 GUI 프로그램을 만들 수 있다. Tkinter를 사용하면 단 세 줄의 소스코드만으로 윈도우 창을 띄울 수 있다.

파이썬 코드	실행결과
| ```python
import tkinter as tk
root = tk.Tk()
root.mainloop()
``` | |

웹 프로그래밍

우리는 구글 크롬이나 마이크로소프트 엣지와 같은 웹 브라우저를 이용하여 웹 서핑을 한다. 인스타그램에 글을 작성하거나 댓글을 남겼던 경험이 있을 것이다. 또는 상품 구입 후기를 작성하기도 한다. 이러한 프로그램을 웹 프로그램이라고 하는데, 파이썬을 이용하여 웹 프로그램을 만들 수 있다. 구글이나 드롭박스도 파이썬을 사용한다.

수치 연산 프로그래밍

파이썬은 넘파이(NumPy)라는 수치 연산 라이브러리를 제공한다. 넘파이는 데이터 분석을 할 때 기초 라이브러리로 사용되며 C로 만들어졌기 때문에 수치 연산이 빠르다.

파이썬 코드	실행결과
| ```python
import numpy as np

a=np.array([1, 2, 3])  # rank가 1인 배열 생성
print(type(a))
print(a.shape)
``` | ```
<class 'numpy.ndarray'>
(3,)
``` |
```

데이터 분석

판다스(Pandas)는 파이썬 데이터 처리를 위한 라이브러리이다. 판다스를 이용하면 데이터 분석을 쉽게 할 수 있다. 그렇기 때문에 파이썬을 이용한 데이터 분석과 같은 작업에서 필수 라이브러리로 알려져 있다.

파이썬 코드	실행결과

``python
import pandas as pd
sr = pd.Series([17000, 18000, 1000, 5000],
        index=["피자", "치킨", "콜라", "맥주"])
print(sr)
``
	피자 17000
	치킨 18000
	콜라 1000
	맥주 5000
	dtype: int64

데이터 시각화

맷플롯립(Matplotlib)은 데이터 시각화를 위한 라이브러리이다. 맷플롯립을 이용하면 데이터 시각화를 쉽게 할 수 있다. 그렇기 때문에 파이썬을 이용한 데이터 시각화와 같은 작업에서 필수 라이브러리로 알려져 있다.

파이썬 코드	실행결과

``python
import matplotlib.pyplot as plt
plt.title('Line Graph')
xdata = [2, 4, 6, 8]
ydata = [1, 3, 5, 7]
plt.plot(xdata, ydata)
plt.show()
``	

인공지능 분야

케라스(Keras)와 텐서플로(TensorFlow)는 인공지능을 위한 라이브러리이다. 케라스 및 텐서플로를 이용하면 딥러닝 모델을 간편하게 만들고 훈련시킬 수 있다. 그렇기 때문에 파이썬을 이용한 인공지능 작업에서 필수 라이브러리로 알려져 있다.

1. 시스템 유틸리티 제작
2. GUI 프로그래밍
3. 웹 프로그래밍
4. 수치 연산 프로그래밍
5. 데이터 분석
6. 데이터 시각화
7. 인공지능 분야

그러나 시스템과 밀접한 프로그래밍 영역, 모바일 프로그래밍은 파이썬으로 할 수 없는 영역이다. 하드웨어를 직접 접근해야 하는 윈도우, 리눅스와 같은 운영체제, 빠른 속도를 요구하는 연산이 필요한 프로그램 등을 만드는 것은 파이썬에 어울리지 않다. 또한 구글이 파이썬을 가장 많이 사용하지만 안드로이드 애플리케이션을 개발하는 것은 어렵다. 이와 마찬가지로 파이썬은 아이폰 앱도 개발할 수 없다.

1. 시스템과 밀접한 프로그래밍 영역
2. 모바일 프로그래밍

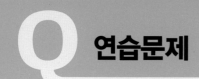

문제 1

SW와 변화하는 세상에 대하여 작성하시오.

문제 2

파이썬이 인기 있는 이유에 대하여 작성하시오.

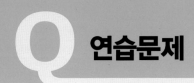

파이썬으로 할 수 있는 것들에 대하여 작성하시오.

본문에 소개되지 않은 파이썬으로 할 수 있는 것들을 찾아보시오.

문제 5

파이썬을 활용하여 본인이 하고 싶은 문제해결에 대하여 작성하시오.

Computing based Problem Solving

Computing based Problem Solving

Computing based Problem Solving

02

컴퓨팅사고와
문제해결

Computing based Problem Solving

2.1 컴퓨팅사고 이해

효율적인 문제해결을 위해서는 컴퓨팅사고가 중요하다. 컴퓨팅사고가 무엇인지 알아보고 컴퓨팅사고 하위요소에 대하여 학습한다. 컴퓨팅사고 하위요소 중에서도 알고리즘에 대하여 좀 더 구체적으로 살펴보고 일상생활의 문제해결 과정을 알고리즘으로 표현해 본다.

컴퓨팅사고가 무엇인지 좀 더 쉽게 이해할 수 있도록 먼저 컴퓨팅이 무엇인지 알아보고 컴퓨팅사고와 프로그래밍이 어떤 관련이 있는지 살펴본다.

컴퓨팅(Computing)

원래 컴퓨팅은 계산이라는 의미를 나타내는 단어였는데, 컴퓨터가 등장하면서 컴퓨터를 사용하는 행위도 의미하게 되었다. 즉, 컴퓨팅은 컴퓨터 과학의 일부분으로써 수학적 계산을 수행한다는 의미를 가지게 되었다. 넓은 의미에서 컴퓨터 기술 자원을 개발 및 사용하는 모든 활동을 가리키기도 한다. 즉, 컴퓨팅은 컴퓨터를 이용하여 업무를 수행하는 모든 것을 의미한다.

현대사회는 대부분의 업무 수행을 위해 컴퓨팅과 관련을 갖는다. 많은 사람들이 사용하는 스마트폰도 작은 컴퓨팅 시스템이라고 할 수 있다. 인터넷 기술과 함께 컴퓨팅 시스템을 이용하면 기존 정보를 재가공하여 더욱더 많은 일들을 유용하게 해결할 수 있게 된다. 예를 들어 교통 상황을 모니터링 하면서 교통 혼잡을 조절하는 컴퓨팅 시스템이 여기에 해당된다.

컴퓨팅사고(Computational Thinking)

컴퓨팅사고란 2006년 자넷 윙에 의해 처음 언급된 이후 전 세계가 교육해야 할 중요한 요소가 되었다. 자넷 윙은 컴퓨팅사고에 대하여 다음과 같이 말하였다.

자넷 윙의 컴퓨팅사고

- 해결해야 할 문제를 만났을 때 컴퓨터 과학자처럼 사고하는 것이다.

- 3R(읽기, 쓰기, 셈하기)과 함께 모든 학습자가 갖추어야 할 기본 능력이다.
- 컴퓨팅사고를 통한 문제해결은 크게 추상화와 자동화 과정을 거친다.
  - 추상화는 문제의 핵심 요소를 추출하여 모델링하는 과정이고, 자동화는 설계한 알고리즘을 컴퓨팅 기기를 통하여 프로그래밍 하는 과정이다.

- 컴퓨팅의 기본 개념과 원리를 기반으로 문제를 효율적으로 해결할 수 있는 사고 능력이라 했다.

컴퓨팅사고란 컴퓨터(또는 사람)가 효과적으로 문제를 해결할 수 있도록 문제를 정의하고 그에 대한 해결 과정을 기술하는 일체의 사고 과정이다. 즉, 복잡한 문제를 단순한 문제로 분해한 후 이를 해결하기 위한 구조(알고리즘)를 만드는 과정인 것이다.

컴퓨팅사고는 하나의 정답만 있을 때보다는 여러 개의 정답이 있을 때 포괄적이고 유의미한 답을 도출할 수 있도록 도와주기 때문에 그 참된 값어치가 발휘된다. 컴퓨팅사고 과정을 통해 복잡하고 큰 문제를 알고리즘으로 해결할 수 있고 효율성을 최대화하여 개선할 수 있다.

컴퓨팅사고와 프로그래밍

컴퓨팅사고는 미래사회 인재에게 요구하는 문제해결 능력을 함양하는데 중요한 요소로 작용된다. 이에 전 세계는 컴퓨팅사고와 프로그래밍 교육에 집중하고 있다. 컴퓨팅사고는 이론으로 교육하기 보다는 주어진 문제를 이해하고 분해하여 해결과정을 설계하고 프로그래밍 하는 과정을 통해 교육하고 있다. 프로그래밍 교육은 교육받는 사람을 모두 프로그래머로 양성하기 위한 목적이 아니다. 컴퓨팅사고를 통해 문제를 보다 효율적이고 창의적으로 해결하기 위한 능력을 기르기 위함이다. 즉, 프로그래밍 교육은 새로운 시대에 문제를 고민하는 자세와 이를 해결하는 방법, 즉 컴퓨팅사고를 키울 수 있도록 해준다.

앞으로 컴퓨팅사고 하위요소에 대하여 조금 더 설명한 후에는 문제해결 과정을 알고리즘으로 표현하는 방법을 소개할 것이다. 이후에는 파이썬 기초 문법을 이용하여 작은 문제들을 파이썬으로 프로그래밍 하면서 컴퓨팅사고가 형성되도록 할 것이다.

2.2 컴퓨팅사고 하위요소

컴퓨팅사고는 앞에서 설명한 바와 같이 복잡한 문제를 효율적으로 해결하는 사고 과정으로, 해결해야 할 문제가 발생하면 문제를 정의하고 해결과정을 기술하는 일체의 과정이다. 컴퓨팅사고 과정은 학자마다 정의하는 하위요소 단계가 조금씩 다르다. 우리는 컴퓨팅사고 단계를 다음과 같이 구분하여 소개한다.

컴퓨팅사고 단계	
문제 분해	복잡한 문제를 해결 가능한 작은 문제들로 나누기
패턴 인식	문제들 사이에 일정한 패턴 찾기
추상화	문제를 단순화하여 표현하기
알고리즘	문제해결을 위해 가장 효율적인 절차나 방법 설계하기
자동화	프로그래밍으로 표현하여 문제해결 결과 확인하기

주어진 문제에 따라 위의 단계를 모두 거치지 않을 수도 있다. 필요에 따라 위 단계를 선택적으로 수행한다. 문제를 해결하다 보면 다양한 시행착오를 겪게 되는데, 이럴 때는 위 단계를 반복적으로 수행하여 해결한다.

문제 분해

문제 분해는 큰 문제가 주어졌을 때 해결하기 쉽도록 작은 문제로 나누는 것을 의미한다. 큰 문제를 있는 그대로 해결하려다 보면 쉽게 해결되지 않을 수 있다. 큰 문제를 작은 문제로 분해하여 작은 문제를 하나씩 해결하다 보면 전체적으로 큰 문제를 해결하게 된다.

문제를 분해하기 위해서는 먼저 주어진 문제를 분석해야 한다. 문제를 분석하는 과정에서 자연스럽게 작은 문제로 나누게 되고, 작은 문제를 해결하다 보면 큰 문제를 해결하게 된다.

조촐한 파티를 준비하는 문제를 예로 들어 문제 분해를 이해해 보자.

> 친구 2명과 함께 조촐한 파티를 즐기기로 했다. 나를 포함해서 총 3명은 치킨, 피자, 맥주를 준비하여 먹고 마실 예정이다. 문제 분해를 통해 메뉴를 어떻게 준비하고, 총구매금액은 어떻게 나눌지를 정해 보자.

문제 분해1 : 치킨 준비

해결 : A가 치킨을 맡는다.
A는 배달 앱을 이용하여 치킨 2마리를 주문했고, 45,000원을 결제했다.

문제 분해2 : 피자 준비

해결 : B가 피자를 맡는다.
B는 오는 길에 피자를 포장 구매했고, 25,000원을 결제했다.

문제 분해3 : 맥주 준비

해결 : C가 맥주를 맡는다.
C는 마트에 가서 묶음 맥주를 20,000원어치 구매했다.

위의 예는 일상생활에서 흔히 경험할 수 있는 문제이다. 평소 이러한 문제를 접하게 되면 특별한 어려움 없이 바로 해결했을 것이다. 하지만 해결 과정을 면밀히 들여다보면 우리는 이미 문제 분해 과정을 통해서 문제를 해결하고 있었음을 알 수 있다.

위에서 나누어진 작은 문제 3개를 순차적으로 해결한 후에는 병합하여 원래 해결해야 했던 큰 문제를 해결한다.

전체 해결

- 총금액 = A 45,000원 + B 25,000원 + C 20,000원 = 90,000원
- 1인당 금액 = 90,000원 / 3명 = 30,000원

패턴 인식

패턴 인식이란 문제들 사이에서 일정한 패턴을 찾는 것이다. 패턴은 동일한 것이 반복되는 것으로 분해된 작은 문제들 사이에 공통된 부분의 패턴을 찾는 것이다. 공통된 부분을 공식으로 만들 수 있다면 문제를 쉽게 해결할 수 있게 된다.

비밀번호 찾는 문제를 예로 들어 패턴 인식을 이해해 보자.

> '33924823617*' 비밀번호 4자리의 숫자를 특정 방법으로 암호화한 문자열이다. 암호를 해독해서 4자리의 비밀번호를 찾아보자.

패턴 인식1 : 전체 숫자를 3개씩 나누기

해결 : 339 248 236 17*

패턴 인식2 : 첫 번째 숫자와 두 번째 숫자를 곱하면 세 번째 숫자가 나오는 패턴 인식하기

$3 \times 3=9$, $2 \times 4=8$, $2 \times 3=6$, $1 \times 7=$*

패턴 인식3 : 찾아낸 패턴으로 문제 해결하기

마지막 숫자는 7이고, 비밀번호는 '9867'로 예측할 수 있다.

추상화

추상화는 문제의 본질에 집중할 수 있도록 핵심 요소를 파악하고 복잡한 요소를 단순화 하는 것을 의미한다.

남녀 화장실을 구분하는 예로 추상화를 이해해 보자.

추상화 : 화장실 입구에 남성, 여성 화장실을 구분하는 그림 표시

남성 화장실	여성 화장실

남녀 화장실 의미를 전달하기 위해 남성이나 여성에 대한 이미지를 상세히 그릴 수도 있지만, 복잡한 요소는 모두 제거하고 남녀 특징만 강조되도록 단순화함으로써 본질에 집중할 수 있게 되었다.

알고리즘

앞에서 살펴본 문제 분해, 패턴 인식, 추상화는 문제해결을 위한 모델링 단계이다. 알고리즘은 문제해결 과정을 설계하여 해결해 나가는 과정을 순서대로 절차화 하는 것을 의미한다. 라면 끓이는 문제를 예로 들어 알고리즘을 이해해 보자.

> 라면을 끓이려고 한다. 냉장고를 열어보니 청양고추, 대파가 있다. 주어진 재료를 이용하여 매콤한 라면을 끓여 보자.

알고리즘 : 라면 끓이는 과정

❶ 냄비에 물 550ml(3컵 정도)를 넣고 끓인다.
❷ 물이 끓으면 면과 분말스프, 후레이크를 같이 넣고 뚜껑을 닫아 3분간 더 끓인다.
❸ 면이 완전히 익기 전에 뚜껑을 열어 면을 들었다 놓았다를 반복하여 면발이 쫄깃해지도록 한다.
❹ 불 끄기 30초 전에 청양고추와 대파를 넣고 끓인다.

알고리즘은 특정 업무를 수행하기 위한 절차 또는 명령어의 집합이다. 이러한 절차는 단독으로 수행되기도 하고, 서로 연관되어 진행되기도 한다. 알고리즘을 표현하는 방법에는 여러 가지가 있다. 컴퓨팅사고 하위요소에 대한 설명이 끝나면 다양한 알고리즘 표현 방법에 대하여 살펴보자.

자동화

자동화는 설계해 놓은 알고리즘을 바탕으로 프로그래밍 도구를 이용하여 컴퓨터가 이해할 수 있는 형태로 프로그래밍 하는 것을 의미한다.
앞에서 살펴본 조촐한 파티 문제에서 1인당 금액을 계산하는 부분을 파이썬으로 자동화해 보자.

조촐한 파티 총금액에서 1인당 금액 계산하기

```
1   chicken = int(input('치킨가격: '))
2   pizza = int(input('피자가격: '))
3   beer = int(input('맥주가격: '))
4
5   total = chicken + pizza + beer
6   pay = total / 3
7
8   print(f'전체금액 {total}원, 인당 {pay}원')
```

[실행결과]
치킨가격: 45000
피자가격: 25000
맥주가격: 20000
전체금액 90000원, 인당 30000.0원

2.3 알고리즘 이해

알고리즘은 특정 업무를 수행하기 위한 절차 또는 명령어의 집합이다. 주어진 문제를 해결하는데 필요한 방법과 절차를 순서대로 기술한 것이다. 즉, 우리가 평소 사용하는 컴퓨터 프로그램은 프로그래밍 언어를 이용하여 알고리즘을 코드로 변환한 것을 의미한다.

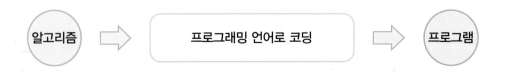

알고리즘은 우리 일상생활 속에서도 알게 모르게 접하고 있었을 것이다. 예를 들어 대부분 라면은 누구나 다 알고 있는 간단한 조리 과정을 통해 어려움이 없이 끓인다. 자세히 살펴보면 일련의 순서에 따라 조리되는 과정이 있다는 것을 알 수 있다.

이와 같이 알고리즘의 모든 과정은 최대한 명확하고 실현이 가능하도록 구체적으로 표현해야 한다. 모든 경우의 수를 고려해야 하고, 표현해 놓은 알고리즘대로 실행하면서 시행착오를 겪게 된다면 이를 반영해야 한다. 상황에 따라서는 타인과 공유하면 더욱더 견고한 알고리즘을 작성할 수 있게 된다.

주어진 문제를 해결하기 위한 알고리즘은 여러 가지가 존재한다. 좋은 알고리즘은 우선 그 출력 결과가 100% 정확해야 하고, 이를 프로그램으로 옮겨 컴퓨터에서 실행했을 때 그 성능이 좋아야 한다.

알고리즘 성능은 시간과 공간을 기준으로 측정하는데, 알고리즘을 실행할 때 걸리는 시간은 짧고 데이터 처리에 필요한 저장 공간은 적게 차지할수록 효율성이 높은 알고리즘에 해당한다.

알고리즘 설계

알고리즘 설계란 문제해결을 위해 가장 효율적인 방법을 찾아내는 과정이다. 단순한 문제는 일련의 절차대로 실행하면 되지만 복잡한 문제는 하나를 선택하여 실행하거나 특정 조건이 만족하는 동안 반복 실행해야 한다. 이 때문에 알고리즘 설계가 필요한 것이다.

알고리즘을 설계할 때는 제어구조를 이용한다. 제어구조는 알고리즘에서 명령의 실행 순서를 결정하는 구조로 순차구조, 선택구조, 반복구조가 있다.

알고리즘 제어구조	
순차구조	문제해결 과정을 위에서부터 순차적으로 실행한다.
선택구조	특정 조건 만족 여부에 따라 다음 명령을 선택하여 실행한다.
반복구조	특정 조건 만족 여부에 따라 같은 동작을 반복하여 실행한다.

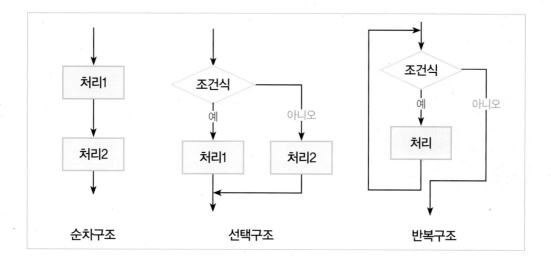

일상생활 속 알고리즘 예

일상생활 속에서 반복되는 많은 일들은 익숙하지만 자세히 들여다보면 일련의 정해진 절차에 따라 실행되고 있다. 즉 알고리즘대로 처리되고 있는 것이다. 일상생활 속에서 경험하는 등교 과정을 알고리즘으로 표현해 보자.

등교 알고리즘

❶ 스마트폰 알람 소리에 일어난다.
❷ 세수와 양치질을 한다.
❸ 날씨 정보를 확인하고 옷을 골라 입는다.
❹ 아침 식사는 간단히 빵과 커피로 해결한다.

❺ 신발을 신고 버스 정거장으로 이동한다.

❻ 버스 정거장에서 학교 앞까지 가는 버스를 기다린다.

❼ 해당 버스가 도착하면 탑승하여 이동한다.

❽ 학교 앞 정거장에 도착하면 하차한다.

❾ 강의실로 이동한다.

위 등교 알고리즘은 상황에 따라 달라질 수 있다. 누구는 식사 후에 양치질과 세수를 할 수 있고, 누군가는 식사를 하지 않을 수도 있다.

편의점 아르바이트생은 손님이 구매한 물건의 금액을 정확히 계산하여 거스름돈을 내줘야 한다. 다음에 나오는 상황에 맞게 동전의 개수를 가장 적게 거슬러 주는 알고리즘을 생각해 보자. 단 동전은 100원, 10원, 1원을 이용한다고 가정하자.

- 총구매금액 : 1,352원
- 받은 돈 : 2,000원
- 거스름돈 : 2,000원 − 1,352원 = 648원
※ 거스름돈이 648원이기 때문에 100원짜리 6개, 10원짜리 4개, 1원짜리 8개를 내주면 된다.

거스름돈 알고리즘

100원짜리 개수 구하기
❶ 648원에서 100원 미만이 될 때까지 100을 반복하여 빼준다.
❷ 이 때 반복 횟수는 100원짜리 동전의 개수이다.

10원짜리 개수 구하기
❶ 48원에서 10원 미만이 될 때까지 10을 반복하여 빼준다.
❷ 이 때 반복 횟수는 10원짜리 동전의 개수이다.

1원짜리 개수 구하기
❶ 8원에서 0원까지 1을 반복해서 빼준다
❷ 이 때 반복 횟수는 1원짜리 동전의 개수이다.

※ 100원 반복 횟수, 10원 반복 횟수, 1원 반복 횟수가 각각 거스름돈의 동전 개수이다.

위의 거스름돈 알고리즘은 금액이 적기 때문에 쉽게 암산으로 해결할 수 있는 문제이다. 하지만 거스름돈을 계산해 주는 프로그램을 만든다면 컴퓨터가 단계별로 실행할 수 있도록 정확한 명령의 알고리즘으로 표현해야 한다.

2.4 알고리즘 표현

알고리즘은 문제해결 과정을 일련의 순서대로 절차화 한다. 이러한 알고리즘을 표현하는 방법에는 크게 자연어, 의사코드, 순서도로 구분할 수 있다. 각각에 대하여 살펴보자.

자연어

자연어로 표현하는 알고리즘은 일상적으로 사용하는 말로 문제해결 과정을 순서대로 나열한다. 자연어는 일상적인 언어를 사용하기 때문에 매우 쉽게 표현할 수 있지만 모호하게 표현될 수 있다는 단점이 있다.

양치질 알고리즘

❶ 칫솔에 치약을 적당히 바른다.
❷ 입속에 칫솔을 넣는다.
❸ 양치질을 한다.
❹ 입을 헹군다.

위의 양치질 알고리즘에서 칫솔에 치약을 바를 때 어느 정도 양이어야 "적당히"에 만족할 수 있는지 모호하다. 자연어로 표현하는 알고리즘은 이러한 모호한 표현 때문에 주의해서 사용해야 한다.

의사코드

의사코드(Pseudo Code)로 표현하는 알고리즘은 우리가 사용하는 자연어를 이용하여 프로그래밍 언어와 유사하게 작성하는 코드이다. 그러나 실제 컴퓨터에서 실행되지는 않는다.

```
희망 온도 = input()
에어컨 온도 = 기계의 현재 온도
if (에어컨 온도 〉 희망 온도)
    에어컨 작동 켜기
else
    에어컨 작동 끄기
```

위의 자동 온도 조절 알고리즘은 사용자가 설정한 희망 온도에 따라 에어컨을 켜거나 끈다. 에어컨 온도가 사용자가 희망하는 온도를 초과하면 켜고, 그렇지 않으면 꺼지도록 자동 전환하는 의사코드이다.

일반적으로 복잡한 알고리즘에는 의사코드를 이용한다. 의사코드는 특정 프로그래밍 언어를 모르더라도 누구나 쉽게 작성하고 이해할 수 있어 편리하다.

순서도

순서도(Flowchart)는 다양한 기호를 사용하여 알고리즘을 표현한다. 알고리즘은 최대한 명확하고 실현 가능한 명령 또는 규칙으로 작성해야 하는데, 순서도 또한 명확하고 실현 가능한 흐름으로 작성해야 한다. 대부분의 순서도는 프로그램을 만들기 위한 설계 도면과 같은 역할을 하기 때문에 실제로 구현하기 애매하거나 잘못된 기호를 사용하면 프로그램 개발에 혼동을 일으킬 수 있다. 일반적으로 간단한 알고리즘에는 순서도를 사용한다.

순서도로 알고리즘을 표현할 때는 다양한 기호가 사용되는데, 대표적인 순서도 기호는 다음과 같다.

기호	이름	설명
→	흐름선	작업의 흐름을 나타낸다.
⬭	단말	순서도의 시작과 끝을 나타낸다.
⬡	준비	작업 단계 시작 전 준비를 나타낸다.
▭	처리	처리해야 할 작업들을 나타낸다.
◇	판단(조건)	조건 연산을 나타낸다. 연산 결과에 따라 흐름선이 선택된다.
▱	입·출력	데이터의 입력과 출력을 나타낸다.
▯	서브루틴(함수)	다른 곳에 정의된 서브프로그램을 호출한다.

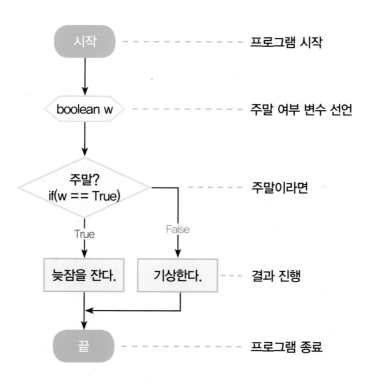

위의 순서도는 주말 여부에 따라 늦잠을 잘지 말지를 판단하는 순서도이다. 주말이라면 늦잠을 자고, 주말이 아니라면 기상한다.

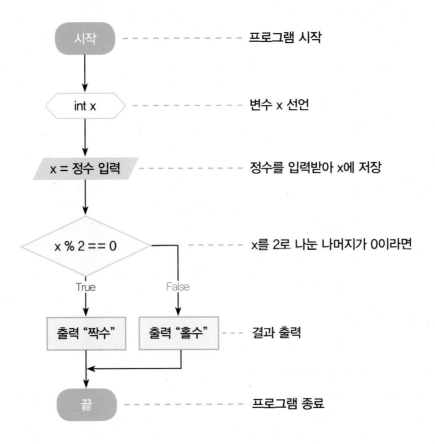

위의 순서도는 입력받은 정수가 짝수인지 홀수인지를 판단하는 순서도이다. 사용자가 입력한 정수를 2로 나눈 나머지가 0이라면 "짝수", 0이 아니라면 "홀수"를 출력한다.

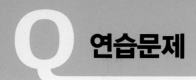
문제 1

컴퓨팅사고에 대하여 작성하시오.

문제 2

컴퓨팅사고 하위요소에 대하여 작성하시오.

연습문제

문제 3

문제 분해에 대한 예제를 만들어 해결 과정을 작성하시오.

문제 4

패턴 인식에 대한 예제를 만들어 해결 과정을 작성하시오.

문제 5

추상화에 대한 예제를 만들어 해결 과정을 작성하시오.

문제 6

알고리즘에 대한 예제를 만들어 해결 과정을 작성하시오.

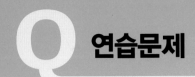
문제 7

순서도로 표현할 수 있는 예제를 만들어 알고리즘을 표현하시오.

Computing based Problem Solving

Computing based Problem Solving

03

파이썬으로 하는
문제해결

Computing based Problem Solving

학습목표

- 프로그래밍 언어에 대하여 이해할 수 있다.
- 파이썬의 특징을 설명할 수 있다.
- 파이썬 개발환경에 대하여 이해하고, 종류별 특징을 설명할 수 있다.
- 파이썬 프로그램을 작성하고 실행할 수 있다.

학습목차

3.1 프로그래밍 언어 이해

컴퓨터와 소통할 수 있는 프로그래밍 언어에 대하여 알아보고, 파이썬에 대한 특징을 살펴본다. 파이썬을 실행할 수 있는 개발환경을 구축하고, 간단한 파이썬 프로그램을 실습해 본다.

프로그래밍이란 우리가 해결해야 할 문제를 컴퓨터가 처리할 수 있도록 문제해결 절차를 체계적으로 서술하는 과정이다. 사람과 대화할 때 언어를 사용하듯이 컴퓨터에게 명령을 내릴 때는 컴퓨터가 이해할 수 있는 언어를 사용해야 한다. 즉, 프로그래밍 언어는 인간이 컴퓨터와 대화하기 위해 만든 언어이다.

프로그래밍 언어 종류

프로그래밍 언어는 저급언어와 고급언어로 구분된다.

종류	특징
저급언어	· 컴퓨터가 쉽게 이해할 수 있는 언어이다. · 실행 속도가 빠르고 성능이 뛰어나다는 장점이 있다. · 배우기 어렵고 유지보수가 어렵다는 단점이 있다. · 특수한 경우에 극히 제한적으로 사용한다.
고급언어	· 인간이 사용하는 언어와 유사하게 만들어진 언어이다. · 배우기 쉽고 코드 판독이 쉬워 유지보수가 용이하다. · C, C++, C#, 자바, 자바스크립트, 파이썬 등이 있다. · 컴파일러 또는 인터프리터를 통해 저급언어로 변환되어 실행된다.

소프트웨어 개발 과정

프로그램이란 문제를 컴퓨터가 처리할 수 있도록 해결 절차를 체계적으로 서술해 놓은 것이다. 프로그램 개발 및 운영에 관련한 모든 과정을 소프트웨어라고 하는데, 단순한 기능을 제공하는 작은 소프트웨어도 있지만 다수의 사람이 협업하여 개발하는 대규모 소프트웨어도 있다. 많은 사람이 함께 소프트웨어를 만들 때는 체계적인 절차에 따라 개발한다. 다음은 소프트웨어 개발 과정 6단계를 나타낸 것이다.

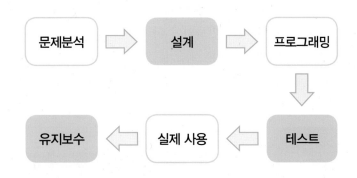

소프트웨어 개발 과정	
문제분석	문제에서 요구하는 사항을 파악하고 어떤 프로그램을 만들지 판단한다.
설계	프로그램을 어떻게 만들지 설계한다.
프로그래밍	프로그래밍 언어를 사용하여 코드를 작성한다.
테스트	프로그램이 예상대로 동작하는지 테스트한다.
실제 사용	사용자가 실제로 사용한다.
유지보수	프로그램에 오류 또는 개선점을 수집하여 수정 및 보완한다.

3.2 파이썬 소개 및 특징

파이썬은 네덜란드 개발자인 귀도 반 로섬(Guido van Rossum)이 1991년에 만든 프로그래밍 언어이다. 소규모 프로젝트에서 만들었던 파이썬은 점차 완성도가 높아지면서 많은 기업의 개발 언어로 사용되고 있다. 대표 예로 구글은 자바와 함께 파이썬을 주 언어로 사용하여 많은 서비스를 만들고 있다.

 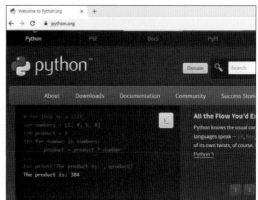

파이썬은 쉬운 문법 구조, 무한 정수 처리 가능, 다양한 라이브러리 존재, 쉬운 이미지 처리의 특징을 가지고 있다. 파이썬의 대표적인 특징을 정리하면 다음과 같다.

파이썬 특징	
쉬운 문법 구조	■ 파이썬은 다른 언어에 비해서 문법 구조가 쉽다. ■ 프로그램 개발, 수정, 실행 단계가 빠르다. ■ 프로그래밍 언어를 처음 배우는 사람도 쉽게 익힐 수 있다.
무한 정수 처리	■ 컴퓨터의 메모리 용량만 넉넉하다면 무한 정수를 처리할 수 있다. ■ 다양한 산업 및 과학 분야의 복잡하고 어려운 계산에 활용된다.
다양한 라이브러리	■ 개발자들이 만들어 놓은 많은 라이브러리 덕분에 좀 더 쉽고 빠르게 프로그래밍 할 수 있다. ■ 라이브러리는 대체로 무료이며, 누구든지 특정 기능의 라이브러리를 만들어 배포할 수 있다.
쉬운 이미지 처리	■ 다른 언어에 비해서 상대적으로 이미지 처리를 쉽게 할 수 있다. ■ 많은 산업 분야의 이미지 처리에 활용된다.

3.3 파이썬 개발환경 구축

파이썬 프로그램을 개발하기 위한 환경은 다양하다. 가장 기본적인 방법은 파이썬 홈페이지에서 설치 파일을 다운로드 받아 설치하는 것이다. 다른 방법으로는 별도의 설치 없이 클라우드 기반의 구글 코랩에 접속하여 코드를 작성하는 것이다.

먼저 파이썬 설치 파일을 다운로드 받아 설치하는 방법을 살펴볼 텐데 본 교재에서는 윈도우 운영체제 중심으로 설명한다. 다른 운영체제인 경우에는 파이썬 홈페이지(https://www.python.org/)의 설명을 참고하여 설치한다.

파이썬 IDLE

파이썬 IDLE 설치하기

① 파이썬 홈페이지에서 윈도우용 파이썬을 선택하여 다운로드한다. 이때 Python 3.x로 시작하는 버전 중 가장 최신 버전을 선택한다.

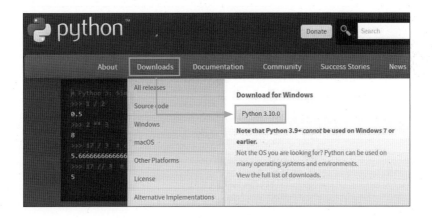

② 다운로드 받은 파이썬 설치 파일을 더블클릭하여 실행한다. 이때, "Add Python 버전 to PATH"를 체크한 후 [Install Now]를 선택한다.

③ 설치가 완료되면 [close]를 클릭하여 종료한다.

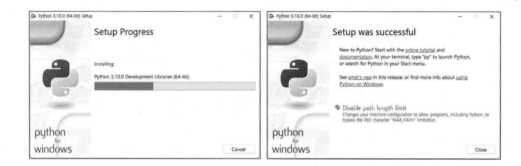

④ 파이썬이 성공적으로 설치되었다면 시작 메뉴에서 확인이 가능하다.

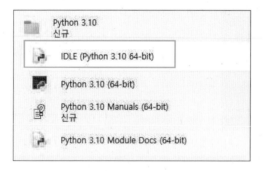

Python 설치하기

1. 파이썬 홈페이지(https://www.python.org/)에 접속하여 최신 버전 다운로드
2. 설치 파일을 실행하여 PATH 체크, [Install Now] 선택

3. 설치가 완료되면 [Close] 클릭하여 종료

4. 시작 메뉴에서 IDLE (Python) 메뉴 확인

파이썬 IDLE 살펴보기

파이썬 문법을 본격적으로 학습하기 전에 파이썬 IDLE 기능을 살펴보자.

① IDLE을 선택하여 실행한다. 파이썬 IDLE(Integrated Development and Learning Environment)은 파이썬 프로그래밍 작성을 도와주는 통합개발환경이다.

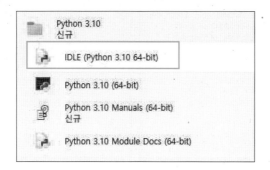

IDLE는 셸 모드와 편집 모드의 두 가지 종류로 구성된다.

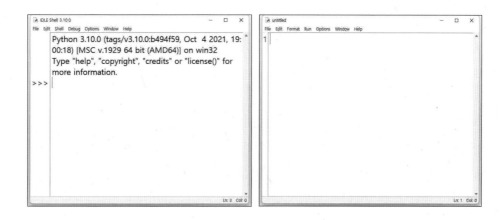

② IDLE를 실행하면 셸(Shell) 창이 먼저 나타난다. 셸 창에서는 IDLE 편집 창에서 작성한 파이썬 프로그램의 실행결과를 확인할 수 있다.

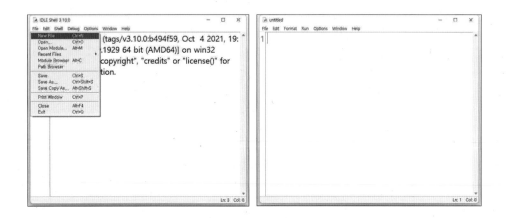

③ 프로그램은 IDLE 편집 창에서 작성한다. IDLE 셸 창에서 [File] → [New File]을 선택하여 편집 창을 열어본다. 오른쪽 그림과 같이 빈 문서의 창이 나타나는데, 이것이 편집 창이다.

④ 이제 편집 창에서 간단한 파이썬 프로그램을 작성해 보자.

간단한 챗봇

```
1    # 첫 번째 파이썬 실습
2    print("반갑습니다.")
```

위에서 '# 첫 번째 파이썬 실습' 문장은 주석이다. #으로 시작하는 문장은 해당 문장 끝까지의 내용이 프로그램 수행에 전혀 영향을 주지 않는다. 주석은 프로그램 소스코드에 설명을 작성할 때 사용한다. print()는 화면에 출력하는 함수이다. 'print("반갑습니다.")'는 '반갑습니다.'라는 문구를 출력하라는 명령문이다.

⑤ 위에서 작성한 프로그램을 실행한다.

편집 창 메뉴에서 [Run] → [Run Module(단축키: F5)]를 선택한다. 프로그램을 실행하면 파일을 저장하라는 작은 팝업이 나온다.

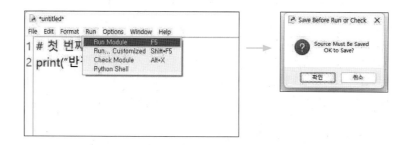

[확인]을 선택하고 'C:\문서'에 적당한 새폴더를 생성한 후 '예제03-1.py'라는 이름으로
저장한다. py는 파이썬 파일임을 알려주는 확장자이다. 파일을 저장하면 파이썬 프로그램
이 실행되고 결과는 셸 창에 출력된다.

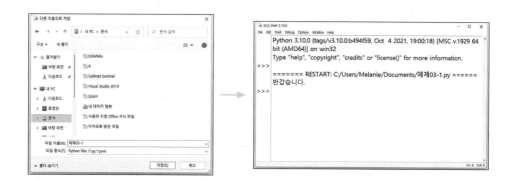

위의 예에서 보았듯이 파이썬은 줄 바꿈을 통해 문장 작성을 완료하고 실행한다. 파이썬
에서 문장은 명령문(Statement)이라고 한다. 명령문이란 컴퓨터가 이해할 수 있는 문법
으로 명령을 하고 실행하도록 하는 하나의 표현 단위이다. 컴퓨터 프로그램이란 이러한
여러 명령문들을 모아 놓은 것이다. 파이썬은 좀 더 쉽게 프로그램을 작성할 수 있도록 명
령문 끝에 줄 바꿈을 이용하여 표현한다. 때문에 x=1 y=2 print(x+y)처럼 한 줄로 표
현하게 되면 파이썬에서는 문법 오류가 발생한다. 하나의 명령문이 끝나면 반드시 줄 바
꿈을 해야 한다.

[알아두기]

프로그래밍 언어를 이용하여 명령문을 표현하는 규칙을 '문법'이라고 한다. 컴퓨터는 조금만 문법에 어긋나도 이해
하지 못하고 오류가 발생하는데, 이러한 오류를 '문법 오류(Syntax Error)'라고 한다. 컴퓨터 프로그램은 반드시 문
법 오류가 없는 명령문들의 집합으로 구성해야 실행된다.

IDLE 셸 모드와 편집 모드의 특징을 정리하면 다음과 같다.

특징	셀 모드	편집 모드
장점	한 줄 단위로 코드를 입력하여 사용자와 상호 동작 할 수 있고 실시간으로 결과를 확인한다.	명령문들을 입력하여 파이썬 파일(*.py)로 저장하고 전체 내용을 한 번에 실행하여 재사용이 가능하다.
단점	코드를 저장하지 않아 재사용이 불가능하다.	입력한 명령에 오류가 있으면 명령문 실행결과를 출력하지 않는다.
실행	기본 IDLE을 실행하면 나오는 셀 프롬프트())))에 명령을 입력하여 사용한다.	IDLE을 실행해 [File] → [New File]을 누르거나 [Ctrl + N]을 눌러 열리는 편집 창에 명령문을 입력하고, [Run] → [Run Module] 또는 [F5]를 눌러 실행한다.

앞으로 하나의 명령문 결과를 즉시 확인할 때는 셀 창을 이용하고, 여러 명령문을 한 번에 작성하거나 여러 번 재사용할 때는 편집 창을 이용하여 실습하기로 한다.

구글 코랩

코랩(Colab)은 구글에서 교육과 과학 연구를 목적으로 개발한 도구이다. 컴퓨터뿐만 아닌 스마트폰으로도 코랩에 접속하여 프로그램을 실행할 수 있는데, 코드 외에 텍스트도 작성할 수 있다. 파이썬 프로그램 실행은 구글 클라우드 가상 서버에서 이루어지고, 파이썬이나 파이썬 라이브러리를 설치하지 않아도 사용할 수 있다. 코랩을 통해 진행 상황과 결과를 다른 사람들에게 편하게 공유할 수 있으며, 초보자들도 설치 걱정 없이 프로그램을 실행할 수 있다. 코랩에서 만든 파일은 구글 드라이브에 저장하여 불러올 수 있으며, 구글 드라이브 문서와 같이 링크로 접근하여 협업이 가능하다. 단, 구글 계정이 필요하고 인터넷이 연결되는 환경이어야 하며, 프로그램 실행 시 실행 지연이 발생할 수 있다.

코랩 기본 사용법

코랩에서 제공하는 기능을 온전하게 이용하려면 크롬 브라우저에서 구글 계정으로 로그인한 후에 코랩 사이트에 방문하는 것이 좋다. 크롬 브라우저가 없다면 구글 홈페이지에서 크롬 브라우저를 검색한 후 다운로드하여 설치하고, 구글 계정이 없다면 회원 가입하여 계정을 생성한다.

① 파일 생성 및 사용

코랩 사이트(https://colab.research.google.com/)에 방문하면 코랩에서 최근 작업한 파일 목록이 나타난다. 새로운 작업을 위해 화면 오른쪽 하단에 [새 노트]를 클릭한다. 또는 [취소] 버튼을 클릭한 후 나타나는 화면에서 [파일] → [새 노트]를 클릭해도 된다.

② 파일 이름과 셀

새로운 파일을 생성하면 파일의 기본 이름은 Untitled0.ipynb가 되고, 새로운 파일을 생성할 때마다 Untitled1, Untitled2,… 와 같이 생성된다. 파일 이름은 Untitled0이므로 이

부분을 원하는 이름으로 변경한다.

코랩에서는 셀에 파이썬 실행 코드와 서식 있는 텍스트를 구분하여 입력할 수 있다. 코드 셀과 텍스트 셀은 메뉴 표시줄 아래 부분에 따로 구분되어 있다.

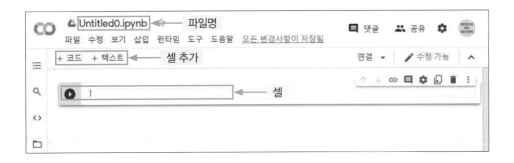

③ 파일 이름 변경과 텍스트 셀

파일 이름은 'Untitled0.ipynb'에서 '예제03-2.ipynb'로 변경하고, 원래 있던 코드 셀에는 파이썬 코드를 입력한다. [텍스트 셀 추가] 버튼을 클릭하여 현재 선택된 셀 아래에 새로운 텍스트 셀이 추가되면 '3장 파이썬으로 하는 문제해결'을 입력한다. 텍스트를 입력한 후에 다른 곳을 선택하면 텍스트 입력이 완료된다. 텍스트 셀을 클릭하여 커서가 보일 때 엔터(Enter)키를 누르거나 더블클릭을 하면 수정할 수 있다. 텍스트 셀이 선택되면 위 부분에 도구모음이 나타나는데 가장 왼쪽에 보이는 제목 전환 π 을 클릭하면 제목으로 표시된다. 클릭할 때마다 세 종류 크기의 제목이 번갈아 가며 나타난다. 이 외에도 텍스트에 다양한 서식을 설정할 수 있다. 코드 셀이나 텍스트 셀은 선택되면 오른쪽 상단에 셀 도구모음이 나타나는데, 위 또는 아래 방향 화살표를 클릭하여 셀들의 위치를 변경할 수 있고, 휴지통 모양을 클릭하여 코드 셀이나 텍스트 셀을 삭제할 수 있다.

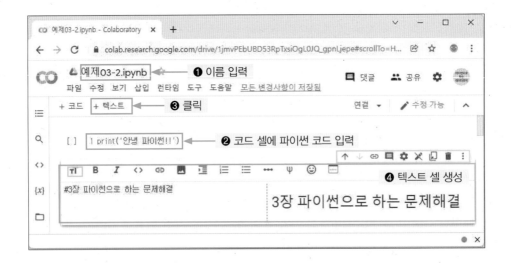

④ 코드 셀

다른 파이썬 개발환경과 동일한 방식으로 코랩에서의 코드 셀에 코드를 입력한다. 코드를
실행할 때는 각 셀 앞에 있는 ▶을 클릭하거나 [Ctrl+Enter]를 누르면 셀 단위로 실행된
다. [Shift+Enter]를 누르면 현재 선택된 셀을 실행한 후에 현재 셀 아래에 새로운 코드 셀
이 추가된다. 코드가 실행된 후에는 셀 바로 아래 실행결과가 출력되고, 셀 앞에 실행번호
가 표시된다. 코드 셀의 위아래 위치와 상관없이 이 실행번호가 코드의 실행 순서가 되기
때문에 프로그램 흐름상 실행되어야 하는 순서가 잘 맞도록 실행해야 한다.

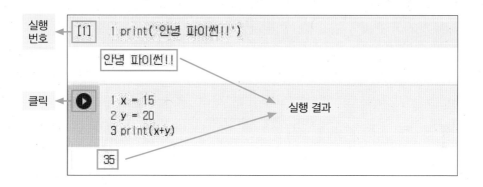

⑤ 런타임 기능

코랩에서 파이썬 코드를 실행하다 보면 실행 지연이 발생하거나 실행 순서가 엉켜 제대로
동작하지 않을 때가 있다. 이때는 [런타임] → [실행 중단]을 클릭하여 세션을 종료한 후
[런타임 다시 시작]을 클릭하여 다시 동작시킨다.

⑥ 기타 기능

[도구] → [단축키]를 클릭하면 코랩에서 제공하는 다양한 단축키를 확인 및 설정할 수 있다.

코랩에서는 공유 기능을 통해 해당 파일의 내용을 다른 사람과 공유할 수 있다. 오른쪽 상단의 [공유] 버튼을 클릭하면 공유하고 싶은 사용자 및 그룹을 지정할 수 있다. [사용자 및 그룹과 공유] 대화상자가 나타나면 화면 왼쪽 하단에 [링크가 있는 모든 사용자로 변경]을 클릭한다. 클릭하면 [링크 보기] 대화상자가 새롭게 나타나는데, 공유 허용 범위를 뷰어, 댓글 작성자, 편집자 중에서 하나를 선택한다. 뷰어는 읽기만 허용한 권한으로 공유, 댓글 작성자는 코드에 댓글을 남길 수 있는 권한으로 공유, 편집자는 코드까지 모두 수정할 수 있는 권한으로 공유한다.

코랩에서 작성한 파일은 기본적으로 ipynb 형식의 파일이다. [파일] → [다운로드] →

[.ipynb 다운로드]를 클릭하면 PC에 다운로드 할 수 있다. 또한 파이썬 IDLE 환경에서 열 수 있는 py 형식은 [파일] → [다운로드] → [.py 다운로드]를 클릭하여 다운로드 한다.

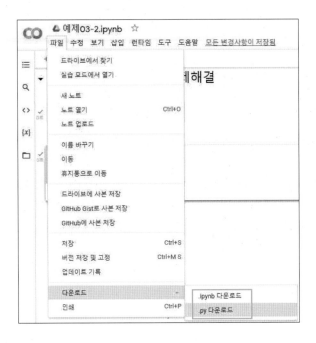

코랩에서 작성한 파일은 구글 드라이브에서도 확인할 수 있다. 구글 드라이브(https://drive.google.com/drive/u/0/my-drive)에 방문하면 [내 드라이브] 안에 [Colab Notebooks] 폴더가 생성되어 있고, [Colab Notebooks] 폴더 안에 코랩에서 작성한 파일을 확인할 수 있다.

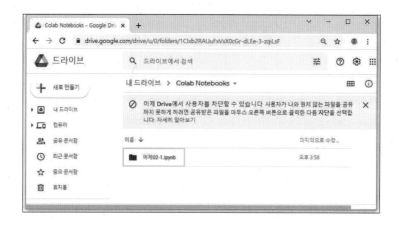

구글 드라이브에서 코랩 기반의 파일을 생성할 수 있는데, 빈 영역에 마우스 오른쪽 비튼을 클릭하면 단축 메뉴가 나타난다. 단축 메뉴에서 [더보기]로 마우스를 이동하여 나타나는 메뉴에서 [Google Colaboratory]를 클릭하면 새로운 코랩 기반의 파일이 생성되면서 작업 화면이 나타난다.

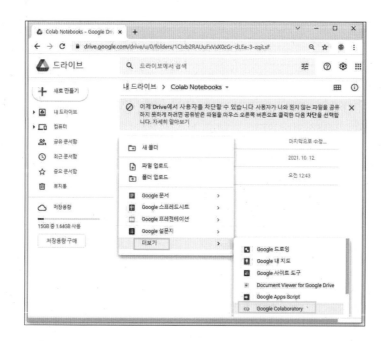

3.4 파이썬 실습

> 파이썬 문법에 대한 특징을 살펴보고, 간단한 파이썬 프로그램을 작성하여 실습해 본다.

파이썬 문법 특징

프로그래밍 언어들마다 다양한 문법적 특징이 있다. 파이썬 문법은 명확한 몇 가지 특징이 있다. 파이썬 문법 특징을 정리하면 다음과 같다.

파이썬 문법 특징	
콜론과 들여쓰기	■ if, for, def 끝에는 콜론(:)을 사용하고, 내부의 코딩 블록은 동일한 들여쓰기를 사용해야 한다.
주석 처리	■ 코드의 의미, 목적, 필요 내용 등 프로그램 소스코드 안에 설명을 표기하기 위해서 사용한다. ■ 주석 표기 방법 　– 각 줄 앞에 # 표시를 한다. 　– " 또는 ' 을 3개 연속하여 입력 후 주석을 여러 줄 작성하고, 주석 마지막 줄에 " 또는 ' 을 다시 3개 연속하여 입력한다.
자동 완성 기능	■ 코드를 작성하는 과정에서 자동 들여쓰기 기능을 제공한다. ■ 명령어의 일부를 입력하고 [Tab]키를 누르면 해당 명령어로 시작하는 파이썬 예약어가 콤보 상자에 나타난다. ■ 왼쪽 괄호(( )를 입력하면 print() 함수의 인수 사용 형태가 표시된다. ■ 예약어, 함수명, 문자열, 출력 결과, 주석 등을 다양한 컬러로 표시한다.
예약어	■ 이미 지정되어 있는 명령어를 의미한다. ■ True, False, None 을 제외하고 모두 소문자로 되어 있다.

파이썬 실습

인사말을 출력하는 파이썬 프로그램을 작성해 보자. **print()** 함수 안에 출력하고자 하는 문자열을 작성하고, 큰따옴표로 감싸주거나 작은따옴표로 감싸준다.

인사말 출력	
1 `print('반갑다 파이썬!')` 2 `print('컴퓨팅 기반 문제해결 파이팅!!')`	[실행결과] 반갑다 파이썬! 컴퓨팅 기반 문제해결 파이팅!!

연산 결과를 출력하는 파이썬 프로그램을 작성해 보자. 연산의 결과를 얻기 위해서는 print() 함수 안에 연산식을 작성하면 된다. 연산식에 따옴표로 감싸줄 때와 그렇지 않을 때의 결과를 비교해 보자.

연산 결과 출력	
1 `print(15 + 20)` 2 `print("15 + 20")` 3 `print("15" + "20")` 4 `print("반갑다! 파이썬~ " * 3)` 5 `print("10+20 " * 5)`	[실행결과] 35 15 + 20 1520 반갑다! 파이썬~ 반갑다! 파이썬~ 반갑다! 파이썬~ 10+20 10+20 10+20 10+20 10+20

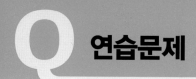

문제 1

프로그래밍 언어에 대하여 작성하시오.

문제 2

프로그래밍 언어의 종류에 대하여 작성하시오.

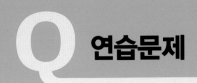

연습문제

문제 3

소프트웨어 개발 과정에 대하여 작성하시오.

문제 4

파이썬 개발환경 두 가지에 대해 비교하여 작성하시오.

문제 5

학번과 이름을 출력하는 프로그램을 작성하시오.

[실행결과]

학번: 987654321

이름: 김중부

문제 6

다음 프로그램의 실행결과를 작성하시오.

```
1    print(5 * 3)
2    print("5 * 3")
3    print("5" + "3")
4    print("♥" * 5)
5    print("5*3 " * 3)
```

[실행결과]

Computing based Problem Solving

Computing based Problem Solving

Computing based Problem Solving

04

순차구조와
문제해결(1)

학습목표

- 변수에 대한 개념을 이해하고 알맞게 사용할 수 있다.
- 산술 및 문자열 연산자를 이해하고 알맞게 사용할 수 있다.
- 표준 입·출력 함수를 이해하고 상황에 맞게 적절히 사용할 수 있다.

학습목차

4.1 변수

자료를 저장하기 위한 변수에 대한 개념과 특징에 대하여 알아보고, 사용 방법에 대하여 살펴보자.

변수 개념

변수는 자료를 저장하는 공간으로 자료를 담아두는 그릇 또는 상자로 생각할 수 있다. 변수는 컴퓨터 기억장치(메모리)에 만들어지며, 저장된 자료는 프로그램 실행 중에 언제든지 꺼내서 다시 사용할 수 있고 필요에 따라 변수에 저장된 자료는 변경될 수 있다.

변수 개념
■ 변수(variable)는 쉽게 변하는 수로 프로그램이 동작하면서 상황 혹은 상태에 따라 변화하는 자료(데이터)를 담아 두기 위해 사용하는 개념이다. ■ "변수명 = 값" 형식으로 사용하며 특정 값을 저장하고 기억하기 위한 목적으로 사용된다. ■ 변수에는 숫자형(정수, 실수), 문자형(문자열), 부울형, 리스트, 딕셔너리 등 거의 대부분의 자료를 할당할 수 있다. ■ 컴퓨터에서 자료를 저장하는 기억장치(메모리) 공간으로 변수를 사용하면 효율적인 프로그램을 작성할 수 있다.

변수 특징

변수를 사용하기 위해서는 특징을 이해하고, 특징에 맞게 잘 사용해야 한다. 변수 특징을 정리하면 다음과 같다.

변수 특징
■ 일시적으로 자료를 저장하는 공간이다. ■ 변수에 저장된 값은 변할 수 있다. ■ 변수에는 숫자, 문자열 등 모든 자료형을 저장할 수 있다. ■ 변수에는 다른 변수의 값도 저장할 수 있다. ■ 변수는 사용되기 전에 반드시 할당되어 있어야 한다.

변수 생성과 변수 사용 예를 통해 확인해 보자.

변수 생성과 변수 사용		
| 예1 | ```
1   x=10
2   print(x)
```<br><br>[실행결과]<br>10 | 예2 | ```
1   x=100
2   x=300
3   print(x)
```<br><br>[실행결과]<br>300 |
| 예3 | ```
1   name='김중부'
2   addr='서울시'
3   print(name, addr)
```<br><br>[실행결과]<br>김중부 서울시 | 예4 | ```
1   age=20
2   age=age+10
3   print('10년 후', age,'살')
```<br><br>[실행결과]<br>10년 후 30 살 |

【Warning】

파이썬에서 값이 할당되지 않은 변수를 사용한다면 오류가 발생한다.

```
1   a=a+1
```

```
Traceback (most recent call last):
  File "<pyshell#8>", line 1, in <module>
    a=a+1
NameError: name 'a' is not defined
```

변수이름 = 값
예) name = '김중부'

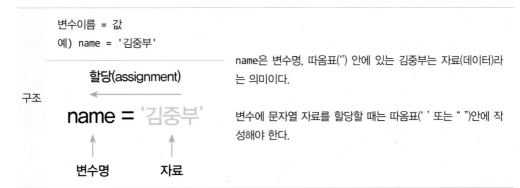

구조

name은 변수명, 따옴표('') 안에 있는 김중부는 자료(데이터)라는 의미이다.

변수에 문자열 자료를 할당할 때는 따옴표(' ' 또는 " ")안에 작성해야 한다.

Tip: 파이썬에서 변수는 자료가 할당되는 순간에 생성되며 등호(=)는 오른쪽에 있는 자료를 왼쪽 변수에 저장(할당)한다는 의미이며, 왼쪽은 저장 공간인 변수를 의미한다. 프로그램에서는 등호(=)를 대입 연산자라고 한다.

> print() 함수 : 프로그래밍에서 함수는 어떤 특별한 기능을 하도록 만들어진 코드의 묶음이다.
> print() 함수는 괄호 안에 주어진 값들을 출력하는 기능을 수행한다.

변수를 사용하는 이유

프로그램에서 데이터를 변수에 저장해 놓으면 필요할 때마다 꺼내어 사용할 수 있다.

변수를 사용하지 않은 코드

```
1    print('Hi python!')
2    print('Hi python!')
3    print('Hi python!')
4    print('Hi python!')
5    print('Hi python!')
```

[생각해보기]
– 영어로 된 문장을 한글로 바꾸고 싶다면?
– 소스코드가 5줄보다 훨씬 더 많아진다면?

변수를 사용한 코드

```
1    hi = '안녕 파이썬'
2    print(hi)
3    print(hi)
4    print(hi)
5    print(hi)
6    print(hi)
```

[실행결과]
안녕 파이썬
안녕 파이썬
안녕 파이썬
안녕 파이썬
안녕 파이썬

문제해결 : 변수는 자료를 보관하고 변경이 가능하며, 반복적으로 사용하는 자료는 반드시 변수에 저장해야 한다.

변수 생성 및 규칙

대부분의 프로그래밍 언어는 변수명을 작성하는 규칙이 있으며, 파이썬도 변수를 만들고 값을 할당할 때 지켜야 할 규칙이 있다. 규칙은 다음과 같다.

변수명 작성 규칙	
규칙1	영문자, 숫자, 밑줄(_)로 구성하며, 첫 글자는 반드시 영문자 또는 밑줄(_)로 시작한다. 밑줄(_)을 제외한 특수문자는 사용할 수 없다. 예) num(O), _num(O), num1(O), 1num(X), num#(X)
규칙2	공백을 포함할 수 없다. 예) student_num(O), student num(X),
규칙3	대문자와 소문자를 구별한다. Name과 name은 다른 변수이다.
규칙4	파이썬에서 다른 용도로 사용되는 예약어는 변수명으로 사용할 수 없다.

키워드 확인

```
1    import keyword
2    print(keyword.kwlist)
```

[실행결과]

```
['False', 'None', 'True', 'and', 'as', 'assert', 'async', 'await', 'break',
'class', 'continue', 'def', 'del', 'elif', 'else', 'except', 'finally', 'for',
'from', 'global', 'if', 'import', 'in', 'is', 'lambda', 'nonlocal', 'not', 'or',
'pass', 'raise', 'return', 'try', 'while', 'with', 'yield']
```

유효한 변수명과 유효하지 않은 변수명을 확인해 보자.

변수명 작성 규칙		유효하지 않은 변수명	
age	규칙에 어긋나지 않음	2name	숫자 시작 불가
_count	밑줄 문자 시작 가능	student no	공백 포함 불가
num3	맨 처음 아니면 숫자 포함 가능	money@	밑줄(_) 외 특수문자 불가
stu_no	밑줄 문자 중간 포함 가능	if	예약어 안 됨

일반적인 좋은 변수명 원칙은 다음과 같다.

좋은 변수명 원칙

❶ 짧게 줄이는 것보다 의미 전달이 잘 되는 것이 좋다.

예) 전화번호를 저장하기 위한 변수로 pn보다는 phone_num가 좋다.
❷ 변수명은 간단 명료한 것이 좋다.
❸ 변수명은 전체 프로그램에서 일관되게 작성하는 것이 좋다.
예) phoneNum와 phone_num를 혼용해서 사용하지 않는다. 파이썬은 주로 소문자와 밑줄(_)을 섞어 사용한다.

변수를 이용하여 이름과 나이를 각각 저장한 후 출력하는 예를 살펴보자.

본인의 이름과 나이를 변수에 저장한 후 출력

```
1    name='김중부'
2    age=20
3
4    print(name)
5    print(age)
```

[실행결과]
김중부
20

앞서 파이썬에서 주석을 처리하기 위한 방법을 간단히 소개한 바 있다. 이를 정리하면 다음과 같다.

파이썬의 주석처리

- 한 줄 주석처리 : #
- 여러 줄 주석처리 : ''' ~ ''' / """ ~ """

다양한 유형(타입)의 변수

변수에 저장되어 있는 자료의 값에 따라 변수의 유형이 결정된다. 파이썬은 다른 프로그래밍 언어와 달리 자료를 할당하면 그때 유형이 결정되기 때문에 훨씬 더 쉽게 사용할 수 있으며, type(변수이름)을 통해 변수의 유형을 확인할 수 있다. 변수에 자료를 저장하고 변수의 유형을 확인해 보자.

다양한 유형의 변수

예1 정수형	``` 1 num=10 2 type(num) ``` [실행결과] `<class 'int'>`	예2 실수형	``` 1 score=97.5 2 type(score) ``` [실행결과] `<class 'float'>`

		예3 문자열형				예4 부울형	

예3 문자열형	1	name='김중부'
	2	type(name)
		[실행결과]
		<class 'str'>

예4 부울형	1	sign=True
	2	type(sign)
		[실행결과]
		<class 'bool'>

자료형	의미	예시
int	integer, 정수형	x = 10
float	float, 부동 소수점형	x = 97.5
str	string, 문자열형	x = 'Kim' x = "Kim"
bool	boolean, 부울형	x = True x = False

4.2 산술 및 문자열 연산자

산술 연산자

파이썬에서 사용하는 기본적인 산술 연산자는 다음과 같다.

산술 연산자 종류	의미
+	더하기
−	빼기
*	곱하기
/	나누기
//	몫
%	나머지
**	거듭제곱

산술 연산자를 사용하는 예를 확인해 보자.

산술 연산자 예			
예1	1 x=25 2 y=15 3 print(x+y) [실행결과] 40	예2	1 print(x-y) [실행결과] 10
예3	1 print(x*y) [실행결과] 375		

| 예4 | ```
1    x = 20
2    y = 10
3    print(x/y)
```<br><br>[실행결과]<br>2.0 | 예5 | ```
1    print(x//y)
```<br><br>[실행결과]<br>2 |
|---|---|---|---|
| 예6 | ```
1    print(x%y)
```<br><br>[실행결과]<br>0 | 예7 | ```
1    print(y**2)
```<br><br>[실행결과]<br>100 |

몫을 구하는 산술 연산자를 활용하는 동전교환기 예제를 확인해 보자.

동전교환기 – 2000원짜리 지폐를 500원, 100원짜리 동전으로 교환

```
1    money = 2000
2    print(money//500)
```

[실행결과]
4

```
1    print(money//100)
```

[실행결과]
20

몫과 나머지를 구하는 산술 연산자를 활용하여 구입 가능한 껌의 개수를 구하는 예제를 확인해 보자.

몫, 나머지 연산자 활용 : 구입 가능한 껌의 개수

```
1    money = 20000
2    price = 1500
3    numGum = money//price
4    change = money%price
5    print(numGum)
```

[실행결과]
13

```
1    print(change)
```

[실행결과]
```
500
```

문자열 연산자

파이썬에서는 문자열을 더하거나 곱할 수 있다. 다른 언어에서는 쉽게 찾아볼 수 없는 재미있는 기능으로, 우리 생각을 그대로 반영해 주는 파이썬만의 장점이라고 할 수 있다. 문자열을 너하거나 곱하는 방법에 대해 알아보자.

문자열 더하기 : +	문자열 곱하기 : *

<pre>1 head='파이썬'
2 tail='좋아!'
3 print(head+tail)</pre>
	<pre>1 word = '파이썬 '
	2 print(word*5)</pre>

[실행결과] 파이썬 좋아!	[실행결과] 파이썬 파이썬 파이썬 파이썬 파이썬

【Note】
*의 의미는 우리가 일반적으로 사용하는 숫자 곱하기의 의미와는 다르다.
위 코드에서 word*5 문장은 word를 5번 반복하라는 뜻이다. 즉 *는 문자열의 반복을 의미한다.

문자열 곱하기 연산자를 활용하는 예제를 확인해 보자.

문자열 곱하기 응용

```
1    print('='*20)
2    print('나는 파이썬을 사랑해')
3    print('나는 파이썬을 좋아해')
4    print('='*20)
```

[실행결과]
```
====================
나는 파이썬을 사랑해
나는 파이썬을 좋아해
====================
```

4.3 표준 입·출력 함수

파이썬을 이용하여 자료를 입력받고 출력하려면 input() 함수와 print() 함수를 이용한다. 이번에는 input() 함수를 이용하여 자료를 입력받고 저장하는 방법과 입력받은 자료를 다양한 자료형으로 변환하여 저장하는 방법에 대하여 학습하고, print() 함수를 이용하여 출력하는 기본적인 방법에 대하여 학습한다. 먼저 input() 함수를 이용하여 자료를 입력받는 방법에 대하여 살펴본다.

표준 입력 함수

input() 함수 내에 안내할 문자열을 포함시켜 사용한다. 만약 아무 메시지도 없이 커서가 깜빡거린다면 사용자는 입력을 받으려는 대기 상태라고 이해하지 못하고 오류가 발생했다고 오해할 수도 있다.

입력의 기본 형태	
1 input('이름 입력: ')	[실행결과] 이름 입력: 파이썬 '파이썬'

위와 같이 실행하면 입력받은 '파이썬'이라는 자료는 저장되지 못하고 사라진다. 입력받은 자료를 저장하기 위해서는 변수를 이용해야 한다. 다음과 같이 input() 함수에 의해 입력받은 자료를 name 변수에 저장한다. name 변수에 저장한 '파이썬' 문자열은 print() 함수를 이용하여 출력한다.

입력 자료 저장	
1 name = input('이름 입력: ') 2 print(name)	[실행결과] 이름 입력: 파이썬 파이썬

파이썬은 input() 함수에 의해 입력받은 모든 자료를 문자열로 저장한다. 문자열로 저장한다는 의미는 숫자를 입력하더라도 문자열로 저장되어 원하는 연산이 이루어질 수 없다는 것을 의미한다. 다음과 같이 input() 함수에 의해 입력받은 15는 a 변수에, 25는 b 변수에 저장하고 a와 b를 더하여 출력했더니 '1525'가 출력된 것을 확인할 수 있다.

문자열로 입력된 자료	
1 a = input('숫자1 입력: ') 2 b = input('숫자2 입력: ') 3 print(a+b)	[실행결과] 숫자1 입력: 15 숫자2 입력: 25 1525

그렇다면, input() 함수로 입력받은 숫자를 연산하기 위해서는 어떻게 하면 좋을까? 다음과 같이 input() 함수 앞에 입력받은 자료를 int() 함수를 이용하여 정수형의 숫자로 형을 변환하여 저장하면 된다. a 변수와 b 변수를 더한 결과가 숫자 40으로 출력된 것을 확인할 수 있다.

정수형으로 입력된 자료	
1 a = int(input('숫자1 입력: ')) 2 b = int(input('숫자2 입력: ')) 3 print(a+b)	[실행결과] 숫자1 입력: 15 숫자2 입력: 25 40

입력받은 숫자가 실수라면 다음과 같이 float 자료형을 이용하여 실수형의 숫자로 변환하여 저장한다.

실수형으로 입력된 자료	
1 c = float(input('숫자 입력: ')) 2 print(c)	[실행결과] 숫자 입력: 7.5 7.5

표준 출력 함수

파이썬을 이용하여 자료를 출력하려면 print() 함수를 이용한다. print() 함수를 이용하는 여러 출력 형태는 다음과 같다.

종류	의미
콤마(,)로 구분	■ 변수와 문자열 사이에 콤마(,)를 입력하여 구분한다. ■ 콤마(,) 대신 공백이 출력된다.
% 형식지정자	■ 변수 유형에 따라 %연산자와 서식문자를 이용하여 출력 형태를 지정한다. ■ 대표 서식문자: %d, %f, %s 등. 예) %5d, %7.2f, %.2f
format() 함수	■ {} 괄호를 이용하여 출력 형태를 지정한다. ■ 변수 유형과 상관없이 {} 괄호와 숫자만 이용한다.
f-string	■ 출력 문자열 맨 앞에 f 입력 후, 변수는 {} 괄호 안에 작성한다. 예) f'문자열 {변수} 문자열'

다음은 변수 두 개의 값을 더하여 새로운 hap 변수에 저장 후 print() 함수로 출력한 예이다.

print() 함수의 기본 출력

```
1    x = 15
2    y = 25
3    hap = x+y
4    print(hap)
```

[실행결과]

40

위의 예처럼 hap 변수 값을 안내 메시지 없이 바로 출력하게 되면 숫자 40이 어떤 의미인지 출력결과만 보고는 알기 어렵다. 이럴 때 간단한 안내 문자열과 함께 출력한다면 이해하기가 쉬울 것이다. 다음과 같이 print() 함수 안에 'x+y ='이라는 문자열과 hap 변수를 함께 출력한다. 이때 문자열과 변수를 구분하기 위해 중간에 콤마(,)를 입력하여 구분해 준다.

콤마(,)를 이용한 출력

```
1    x = 15
2    y = 25
3    hap = x+y
4    print('x+y =', hap)
```

[실행결과]

x+y = 40

```
1    name = input('이름 입력: ')
2    print('입력하신 이름은', name)
```

[실행결과]

이름 입력: 파이썬

입력하신 이름은 파이썬

학번과 이름을 입력받아 각각 변수에 저장 후 콤마(,)로 구분하여 출력

```
1    hakbun = input('학번 입력: ')
2    name = input('이름 입력: ')
3    print('학번은',hakbun,'이고, 이름은',name,'입니다.')
```

[실행결과]

학번 입력: 987654321

이름 입력: 김중부

학번은 987654321 이고, 이름은 김중부 입니다.

다음은 세 과목 성적을 각각 변수에 저장한 후 합계와 평균을 계산하여 출력하는 예제이다. kor, eng, math = 100, 90, 80 문장처럼 한 번에 여러 개의 변수를 나열하고 대입 연산자 뒤에 각각에 저장될 값을 나열하여 초기화 할 수 있다. 이 때 kor 변수에는 100, eng 변수에는 90, math 변수에는 80이 저장된다.

세 과목 성적의 합계와 평균 출력

```
1    kor, eng, math = 100, 90, 80
2    hap = kor+eng+math
3    avg = hap/3
4    print('합계:', hap)
5    print('평균:', avg)
```

[실행결과]

합계: 270

평균: 90.0

다음은 자동판매기에 투입한 돈과 물건 값이 변수에 저장되어 있을 때, 몫(//)과 나머지(%) 연산자로 잔돈을 계산하여 동전으로 거슬러주는 프로그램이다. 단, 자판기는 동전 500원, 100원짜리만 거슬러 준다고 가정한다.

동전으로 잔돈 거슬러주는 자동판매기

```
1    money = 5000        # 투입한 돈
2    price = 800         # 물건 값
```

```
3     change = money-price      # 잔돈
4     print('잔돈:',change)
5
6     c500 = change//500        # 500원 개수
7     change = change%500
8     c100 = change//100        # 100원 개수
9
10    print('500원 동전수',c500)
11    print('100원 동전수',c100)
```

[실행결과]
잔돈: 4200
500원 동전수 8
100원 동전수 2

print() 함수 안에 문자열과 변수를 구분하기 위해 콤마(,)를 입력하여 구분하게 되면 콤마(,) 그 위치에 공백이 출력된다. 공백이 출력되지 않게 하려면 %형식지정자, format() 함수, f-string과 같은 출력 형태를 이용해야 한다. 이러한 출력 형태는 다음 장에서 자세히 다루기로 한다.

다음 프로그램의 실행결과를 작성하시오.

```
1    num1=25
2    num2=10
3
4    print(num1 / num2)
5    print(num1 // num2)
6    print(num1 % num2)
```

[실행결과]

문제 2

학교, 학과, 성명, 연락처를 입력받아 변수에 저장하여 출력하는 프로그램을 작성하시오.
– 변수명: 학교(univ), 학과(dept), 이름(name), 연락처(phone)

[실행결과]

학교: 중부대학교
학과: 예술학과
이름: 김중부
연락처: 010–1234–5678

김중부 학생은 중부대학교 예술학과 재학 중이며, 연락처는 010–1234–5678 입니다.

문제 3

세 자리의 정수를 입력받아 각 자리의 수를 더하여 출력하는 프로그램을 작성하시오. (몫(//), 나머지(%) 연산자 활용)
– 정수 1234인 경우 1+2+3+4의 결과를 출력

[실행결과]

세 자리 정수 입력: 963
백의자리 9
십의자리 6
일의자리 3
합: 18

문제 4

초 단위의 시간을 입력받아 몇 시간, 몇 분, 몇 초인지를 출력하는 프로그램을 작성하시오. (몫(//), 나머지(%) 연산자 활용)

[실행결과]

초 단위 시간 입력: 8753
2 시간
25 분
53 초

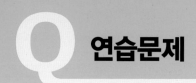

문제 5

본인의 키를 입력받아 표준 체중을 출력하는 프로그램을 작성하시오.
(공식: 키-100*0.9)

[실행결과]

키 입력: 180

180 cm의 표준 체중은 72.0 kg 입니다.

문제 6

숫자 두 개를 입력받아 사칙 연산을 출력하는 프로그램을 작성하시오.

[실행결과]

숫자1 입력: 30

숫자2 입력: 15

30 + 15 = 45

30 − 15 = 15

30 * 15 = 450

30 / 15 = 2.0

문제 7

세 과목의 점수를 입력받아 총점과 평균을 출력하는 프로그램을 작성하시오.

[실행결과]

국어 점수: 85
영어 점수: 90
수학 점수: 95
국어: 85 영어: 90 수학: 95 ⇒ 총점: 270 평균:90.0

Computing based Problem Solving

Computing based Problem Solving

Computing based Problem Solving

05

순차구조와
문제해결(2)

Computing based Problem Solving

학습목표

- 기본 자료형이 무엇인지 이해하고 종류를 구별하여 설명할 수 있다.

- 복합 대입 연산자를 이해하고 알맞게 사용할 수 있다.

- print() 함수의 다양한 출력 형태를 이해하고 상황에 맞게 적절히 사용할 수 있다.

5.1 기본 자료형

변수란 값을 저장할 수 있는 기억공간이다. 변수를 이용하면 숫자를 세거나 수식을 계산하는 등 다양한 명령을 쉽게 만들 수 있다. 변수는 고유한 이름으로 '변수명'을 선언해야 한다. "변수명=자료(data)"라고 작성하면 변수 선언이 완료된다.

변수 되돌아보기

변수란 자료를 저장할 수 있는 기억 공간이고, "어떤 자료에 대해 이름표"를 붙이는 것과 같다. 음식과 음식을 담는 그릇에 비유하자면 음식은 자료가 되고, 그릇은 변수가 된다. 그릇에 담는 음식은 상황에 따라 다양한 음식들이 바뀌어 채워진다. 이처럼 변수에 저장될 자료도 상황에 따라 바뀌어 저장될 수 있는데, 이 때문에 변수라고 하는 것이다.

저장되는 자료의 유형은 다양하다. 그렇다면 자료 유형에 따라 변수는 어떻게 지정하면 좋을까? 다음의 예를 살펴보자.

중부가 (스마트폰) 을 본다.
중부가 (유튜브) 를 본다.
중부가 (웹툰) 을 본다.
중부가 (바다) 를 본다.

위의 문장들의 공통적인 부분을 표현하면 "중부가 (　　) 을/를 본다"가 된다. 이때, 계속해서 바뀌는 자료가 있는 (　) 부분을 변수로 지정하여 규칙을 만들면 좀 더 효율적인 문장 표현이 될 것이다. 이처럼 계속해서 변하는 자료가 들어오는 부분에 변수를 사용하면 유용하다.

이러한 변수는 이름을 가진다. 프로그램 안에서는 변수의 이름을 불러 사용하기 때문이다. 만약 변수의 이름이 없다면 프로그램 안에서 원하는 변수를 사용할 수 없을 것이다.

우리가 자주 사용하는 주소록 앱에 연락처를 저장하는 경우를 변수에 적용하여 생각해 보자. 새로운 연락처가 발생하면 이름, 직장, 전화번호, 이메일 등의 항목에 각각의 정보를 등록한다. 이름, 직장, 전화번호, 이메일은 변수에 해당되고, 입력한 자료들은 각각의 변수에 저장하게 된다.

변수에 자료를 저장할 때는 입력이라는 과정을 통해 이뤄지고, 입력된 자료는 처리 과정을 거친 후에 출력하게 된다. 주소록 앱에 연락처를 저장하는 내용을 파이썬으로 작성하면 다음과 같다.

```
이름 = input("이름: ")
직장 = input("직장: ")
전화번호 = input("전화번호: ")
이메일 = input("이메일: ")
```

기본 자료형

자료형이란 자료의 유형에 따라 종류를 구분해 놓은 것이다. 자료형에는 정수(Integer)형 자료, 실수(Float)형 자료, 문자열(String)형 자료 등이 있다. 앞에서 살펴보았던 주소록 앱의 각 변수는 자료 유형이 어떻게 될까? 주소록에 저장되는 자료들은 일반적으로 문자 그대로 저장되는 경우가 많다. 때문에 문자열(String)형으로 저장된다고 유추할 수 있다. 이러한 자료형은 앞에서부터 소개한 바 있다. 그렇다면 자료의 종류를 구분하는 이유는 무엇일까? 컴퓨터는 35+762는 797이라는 것은 빠르게 계산할 수 있지만 8+"파이썬"은 어떻게 계산해야 할지 이해하지 못한다. 컴퓨터에게 어떠한 연산을 해야 할지 알려주기 위해서 'ㅇㅇ 변수는 정수형이야' 또는 'ㅇㅇ 변수는 문자야'라고 알려주어야 한다. 이 때문에 자료의 유형을 구분하는 것이다.

수치 자료형

수의 유형은 '정수'와 '실수'로 구분한다. 수학에서는 3과 3.0을 같은 3으로 보지만 파이썬에서 3과 3.0은 다르게 처리된다.

3	int (정수형)
3.0	float (실수형)

정수는 소수점을 사용하지 않는 경우에 사용하는 것이 좋다. 학년, 나이, 연도, 월, 일, 개

수, 등수, 과목수와 같이 소수점이 없는 수치에 사용한다.

실수는 소수점을 사용하는 경우에 사용하는 것이 좋다. 과목평균, 온도, 무게, 길이, 시력, 신장, 체중 등은 소수점까지 표현하기 때문에 실수에 적합하다.

input() 함수를 사용하면 사용자가 입력한 값이 문자열로 인식된다. type() 함수를 사용하면 자료형을 확인할 수 있다.

정수형과 문자열형

1 num=input("수 입력: ") 2 print(type(num))	[실행결과] 수 입력: 53 \<class 'str'\>

입력받은 자료를 숫자형으로 바꾸려면 원하는 자료형으로 강제 형 변환을 해야 된다. 정수형으로 입력받기 위해서는 int() 함수를 사용한다.

문자열 자료의 정수형 반환

1 num1 = int(input("첫 번째 숫자: ")) 2 num2 = int(input("두 번째 숫자: ")) 3 print(num1+num2)	[실행결과] 첫 번째 숫자: 3 두 번째 숫자: 5 8

실수형으로 입력받기 위해서는 float() 함수를 사용한다.

문자열 자료의 실수형 변환

1 num1 = float(input("첫 번째 숫자: ")) 2 num2 = float(input("두 번째 숫자: ")) 3 print(num1+num2)	[실행결과] 첫 번째 숫자: 4.6 두 번째 숫자: 7.2 11.8

정수와 정수의 나눗셈 연산은 어떻게 될까? 다음 예제를 살펴보자.

정수형 나눗셈			
예1	1 print(5/2) [실행결과] 2.5	예2	1 print(3/2) [실행결과] 1.5

정수형 나눗셈의 경우 실수형(float)인 **2.0**으로 출력된 것을 확인할 수 있다. 정수형 나눗셈인데 어떻게 실수형이 나오게 된 것일까? 이유는 정수형 나눗셈의 결과가 실수형일 때 생기는 오류를 막기 위해서이다. 5/2와 같은 정수형 나눗셈의 결과를 실수형 **2.5**로 정확하게 나타내기 위해서 나눗셈 연산의 경우 자료형과 상관없이 모두 실수형이 되도록 한 것이다. 만약 정수형과 실수형 연산을 하게 되면 결과는 실수형이 된다.

정수형과 실수형 연산	
1 x = 5 + 5.0 2 print(type(x))	[실행결과] <class 'float'>

문자열형

문자 그대로를 이용하는 자료는 문자열형(String)이 된다. 문자열을 표현할 때 작은따옴표(' ') 또는 큰따옴표(" ")를 이용하여 문자열형으로 나타낸다. input() 함수를 이용하여 자료를 입력받을 때는 문자열로 입력받아지기 때문에 다른 자료형으로 변환하지 않아도 문자열형으로 저장된다. input() 함수로 이름을 입력받아 자료형을 확인해 보자.

입력함수와 문자열형	
1 name=input("이름: ") 2 print(type(name))	[실행결과] 이름: 홍길동 <class 'str'>

① 문자열형 병합

두 수를 더하는 연산자는 '+'이다. 이 연산자를 문자열형에서 사용하면 문자열형 자료들이 합쳐지게 된다.

문자열형 병합	
| ```
1    first_name = input("첫 번째 이름: ")
2    last_name = input("두 번째 이름: ")
3    print(first_name+last_name)
``` | [실행결과]<br><br>첫 번째 이름: 홍<br><br>두 번째 이름: 길동<br><br>홍길동 |

위와 같이 '+' 연산을 사용하면 각 문자 또는 문자열을 합쳐서 하나의 문자열로 만든다.

② 문자열 길이

인터넷에서 회원가입을 할 때 아이디의 길이를 제한하거나 비밀번호의 길이를 제한하는 경우를 종종 경험했을 것이다. 이때 문자 길이를 제한하기 위해서는 문자 개수를 파악해야 한다. 문자 개수를 파악하기 위해 사용하는 함수로 `len()` 함수가 있다. `len()` 함수는 문자 또는 문자열 개수를 알려준다.

문자열 개수1	
| ```
1    id = input("아이디: ")
2    print(len(id))
``` | [실행결과]<br><br>아이디: admin<br><br>5 |

다음의 결과를 예상해 보자. 출력결과는 **10**이다. 공백도 문자로 처리되기 때문에 알파벳 8개, 공백 2개로 총 10개의 문자 개수가 출력된 것이다.

문자열 개수2	
| ```
1    condition = "I love you"
2    print(len(condition))
``` | [실행결과]<br><br>10 |

③ 문자열 인덱스

문자열의 각 문자마다 인덱스 번호(왼쪽에서는 0부터 시작, 오른쪽에서는 -1부터 시작)를 부여하여 해당 문자에 접근한다.

0	1	2	3	4	5	6	7	8
H	a	p	p	y		d	a	y
-9	-8	-7	-6	-5	-4	-3	-2	-1
```

문자마다 가지고 있는 인덱스 번호는 0부터 시작한다. 또한 문자뿐만 아니라 공백도 인덱스가 부여된다. 이해를 돕기 위해 "**Happy day**"라는 문자열을 입력한 다음 이 문자열의 부분 문자열을 출력하는 프로그램을 살펴보자.

<table>
<tr><td colspan="2">문자열과 인덱스</td></tr>
<tr>
<td>

```
1    title = "Happy day"
2    title[0]
```

</td>
<td>

[실행결과]
'H'

</td>
</tr>
</table>

④ 문자열에서 일부분 추출

문자열 인덱스 번호를 이용하여 일부 문자열 추출이 가능한데, 이것을 슬라이싱(Slicing)이라고 한다. 일부 문자열을 추출할 때 추출 범위 지정은 [n:m] 형식으로 한다. [n:m]의 의미는 n번째부터 m−1번째까지를 의미한다. [:m]은 처음부터 m−1번째까지를 의미하고, [n:]은 n부터 문자열의 마지막까지를 의미한다. 다음 예를 통해 확인해 보자.

<table>
<tr><td colspan="2">문자열에서 일부분 추출</td></tr>
<tr><td colspan="2">

```
1    title = "Happy day"
2    title[6:9]
```

</td></tr>
<tr><td colspan="2">

[실행결과]
'day'

</td></tr>
<tr>
<td>

```
1    title[6:]
```

</td>
<td>

```
1    title[:5]
```

</td>
</tr>
<tr>
<td>

[실행결과]
'day'

</td>
<td>

[실행결과]
'Happy'

</td>
</tr>
</table>

5.2 복합 대입 연산자

앞서 파이썬에서 제공하는 기본 산술 연산자에 대하여 살펴보았다. 산술 연산자에 대하여 간단히 되돌아보고, 복합 대입 연산자에 대하여 알아보자.

산술 연산자 되돌아보기

사칙연산을 중심으로 다음과 같은 산술 연산자가 제공되는데, 나눗셈에 관련된 연산자 /, //, %에 대하여 잘 구분하여 이해한다. / 연산자는 소수점 이하까지 나누기 연산을 수행하고, //는 나누기의 몫을 구하는 연산을 수행하며, %는 나누기의 나머지를 구하는 연산을 수행한다.

종류	의미	사용 예	결과
+	더하기	z = 5 + 2	z = 7
−	빼기	z = 5 - 2	z = 3
*	곱하기	z = 5 * 2	z = 10
/	실수 나누기 (소수점까지)	z = 5 / 2	z = 2.5
//	정수 나누기 (나눈 몫)	z = 5 // 2	z = 2
%	나머지(나눈 나머지)	z = 5 % 2	z = 1
**	거듭제곱	z = 5 ** 2	z = 25

복합 대입 연산자

대입(할당, assignment) 연산자는 변수에 자료를 대입(할당)하기 위하여 사용되는데, 기본적으로 = (등호)를 사용한다. 산술 연산자와 함께 대입 연산자를 사용하면 보다 간결하게 표현할 수 있다. 이를 복합 대입 연산자라고 하는데, +=, -=, *=, /=, %=, //= 등과 같은 형식으로 사용한다. 복합 대입 연산자는 코드를 간결하게 만드는 데 도움이 될 수 있지만, 너무 많이 쓰다보면 코드를 읽기 어려워질 수도 있다.

연산자	의미	예시
=	왼쪽 변수에 오른쪽 값을 대입(할당)	x = 10
+=	왼쪽 변수에 오른쪽 값을 더하고 결과를 왼쪽 변수에 대입(할당)	a += 10 (a = a + 10)
-=	왼쪽 변수에 오른쪽 값을 빼고 결과를 왼쪽 변수에 대입(할당)	a -= 10 (a = a - 10)
*=	왼쪽 변수에 오른쪽 값을 곱하고 결과를 왼쪽 변수에 대입(할당)	a *= 10 (a = a * 10)
/=	왼쪽 변수에 오른쪽 값을 나누고 결과를 왼쪽 변수에 대입(할당)	a /= 10 (a = a / 10)
//=	왼쪽 변수에 오른쪽 값을 나눈 몫의 결과를 왼쪽 변수에 대입(할당)	a //= 10 (a = a // 10)
%=	왼쪽 변수에 오른쪽 값을 나눈 나머지의 결과를 왼쪽 변수에 대입(할당)	a %= 10 (a = a % 10)
**=	왼쪽 변수에 오른쪽 값만큼 제곱을 하고 결과를 왼쪽 변수에 대입(할당)	a **= 2 (a = a ** 2)

복합 대입 연산자

```
1    a = 10
2    print(a)
```

[실행결과]
10

```
1    a += 10
2    print(a)
```

[실행결과]
20

```
1    a *= 2
2    print(a)
```

[실행결과]
40

5.3 print() 함수의 다양한 출력 형태

print() 함수의 다양한 출력 형태를 알아보기 전에 print() 함수의 줄 바꿈 특징에 대하여 살펴보자. print() 함수는 내용을 출력한 후에 자동으로 줄 바꿈이 일어난다. 자동으로 발생하는 줄 바꿈을 제어하고 싶다면 end 옵션을 이용하면 된다. end 옵션 뒤에 줄 바꿈 대신 출력할 내용을 작성하면 된다. 다음은 줄 바꿈은 대신 공백을 출력시킨 예제이다.

기본 출력	end 옵션으로 줄 바꿈 제어
1 print('파이썬') 2 print('짱')	1 print('파이썬', end=' ') 2 print('쌍')
[실행결과] 파이썬 짱	[실행결과] 파이썬 짱

print() 함수를 이용하여 출력하는 형태에는 크게 네 가지 종류가 있다. 콤마(,)로 구분하여 출력하는 형태, % 형식지정자를 이용하여 출력하는 형태, format() 함수를 이용하여 출력하는 형태, f-string을 이용하여 출력하는 형태가 있다.

콤마(,)로 구분하여 출력하는 형태

콤마(,)로 구분하여 출력하는 형태는 앞서 다룬 바 있다. 다음은 55개의 쿠키를 2개씩 같은 학과 친구들에게 나눠주고 남은 쿠키를 계산하는 예제이다. 최대 몇 명에게 나눠줄 수 있는지 구하고, 남은 쿠키 개수를 구한다. 몫(//) 연산자와 나머지(%) 연산자, 콤마로 구분하는 출력 형태를 함께 활용해 보자.

공평하게 나누기	
1 cookie = 55 2 count = 2 3 maxCount = cookie // count	[실행결과] 나눠 줄 인원수: 27 남은 쿠키 개수: 1

```
4    rest = cookie % count
5    print('나눠 줄 인원수:',maxCount)
6    print('남은 쿠키 개수:',rest)
```

% 형식지정자를 이용하여 출력하는 형태

자료형을 지정하여 출력하는 **%** 형식지정자 출력 형태는 출력할 내용과 **%** 형식지정자를 원하는 순서대로 따옴표 안에 작성한다. **%** 형식지정자에 대응되는 변수를 **%** 뒤에 순서대로 작성한다. 다음은 **%s** 형식지정자를 이용하여 출력하는 예제이다.

%s 형식지정자를 이용하여 출력	
1 name = input('이름 입력: ') 2 print('입력하신 이름은 %s' % name)	[실행결과] 이름 입력: 홍길동 입력하신 이름은 홍길동

% 형식지성자에 대응되는 변수가 한 개인 경우에는 괄호를 생략할 수 있지만, 두 개 이상인 경우에는 **%** 뒤에 괄호 안에 변수들을 작성해야 한다. 다음은 **%d** 형식지정자를 이용하여 출력하는 예제이다.

%d 형식지정자를 이용하여 출력	
1 a = int(input('숫자1 입력: ')) 2 b = int(input('숫자2 입력: ')) 3 print('%d + %d = %d' % (a, b, a+b))	[실행결과] 숫자1 입력: 15 숫자2 입력: 10 15 + 10 = 25

다음과 같이 2개 이상의 **%** 형식지정자를 사용하는 경우에 **%** 형식지정자와 변수는 순서대로 대응되어 적용된다.

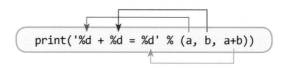

다음은 **%f** 형식지정자를 이용하여 출력하는 예제이다. **%f** 형식지정자는 소수점이 있는 숫

자인 경우에 적용하는 **%** 형식지정자이다.

```
1    a = float(input('숫자1 입력: '))
2    b = float(input('숫자2 입력: '))
3    print('%d / %d = %f' % (a, b, a/b))
```

[실행결과]
숫자1 입력: 7
숫자2 입력: 3
7 / 3 = 2.333333

위와 같이 7/3의 결과 값으로 **2.333333**이 출력된 것을 확인할 수 있다. 소수점 이하 자리를 원하는 만큼 출력하려면 다음과 같이 **%f** 를 **%.2f** 로 수정하면 된다. 이는 소수점 이하 2자리까지만 출력하라는 의미이다.

```
print('%d / %d = %.2f' % (a, b, a/b))
```

print() 함수의 **%** 형식지정자의 종류에는 **%s, %d, %f** 외에도 여러 가지가 있지만, 대표 형식지정자는 잘 숙지하도록 한다.

format() 함수를 이용하여 출력하는 형태

format() 함수를 이용하여 출력하는 형태는 내용과 중괄호 { }를 원하는 순서대로 따옴표 안에 작성한다. 중괄호에 대응되는 변수는 점(.) 작성 후 **format()** 함수 안에 순서대로 작성한다. 다음은 **format()** 함수를 이용하여 출력하는 예제이다.

```
1    a = int(input('숫자1 입력: '))
2    b = int(input('숫자2 입력: '))
3    print('{0} * {1} = {2}'.format(a, b, a*b))
```

[실행결과]
숫자1 입력: 5
숫자2 입력: 3
5 * 3 = 15

다음은 중괄호와 **format()** 함수 안의 변수들을 순서대로 대응하여 출력한 형태이다. 중괄호 안의 번호는 대응되는 변수의 순서로써 인덱스라고 부르며, 0부터 시작한다.

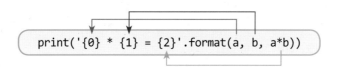

중괄호 순서대로 변수를 대응하여 출력할 때는 인덱스가 생략 가능하지만, 순서를 변경하여 출력할 때는 인덱스를 원하는 대로 올바르게 작성해야 한다. 또한 자료를 여러 번 반복하여 출력할 때는 반복되기 원하는 자료의 인덱스를 포함한 중괄호를 여러 번 반복하여 작성한다. 다음은 중괄호 순서를 원하는 대로 변경하고 자료를 반복하여 출력한 예제이다.

중괄호 순서를 변경하고 자료를 반복하여 출력	
1 print('{1} {1} 작은 {0}'.format('별','반짝'))	[실행결과] 반짝 반짝 작은 별

변경된 중괄호 순서와 반복하여 출력한 자료를 대응하여 살펴보면 다음과 같다.

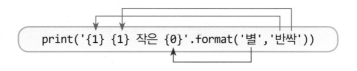

f-string을 이용하여 출력하는 형태

f-string 포매팅은 파이썬 3.6 버전부터 제공되기 시작했다. 문자열 맨 앞에 f를 붙여주고, 중괄호 안에 변수명이나 출력하고 싶은 자료를 직접 작성하면 된다. 사용법은 다음과 같다.

print(f'문자열 {변수} 문자열')

f-string을 이용하여 출력
1   menu = '커피'
2   count = 3
3   print(f'{menu}를 좋아해요, 하루 {count}잔 마셔요.')

[실행결과]
커피를 좋아해요, 하루 3잔 마셔요.

지금까지 배운 표준 입·출력 함수를 이용하여 다음과 같이 사람과 컴퓨터가 대화하는 간단한 챗봇을 만들어 보자.

간단한 챗봇

```
1    chat = '챗봇>'
2    user = '사람>'
3
4    print(chat, '안녕하세요')
5    print(chat, '나는 인공지능 챗봇입니다.')
6    print(chat, '당신의 이름은 무엇인가요?')
7    name=input(user)
8    print(chat, name, '님 반가워요')
9    print(chat, '전공은 무엇인가요?')
10   major=input(user)
11   print(chat, name, '학생은 아주 재미있는', major,'을 공부하고 계시는군요.')
12   print(chat, '다음 주에 또 만나요')
```

[실행결과]
챗봇> 안녕하세요
챗봇> 나는 인공지능 챗봇입니다.
챗봇> 당신의 이름은 무엇인가요?
사람> 홍길동
챗봇> 홍길동 님 반가워요
챗봇> 전공은 무엇인가요?
사람> 예술학
챗봇> 홍길동 학생은 아주 재미있는 예술학 을 공부하고 계시는군요.
챗봇> 다음 주에 또 만나요

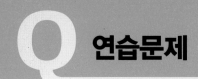
문제 1

다음 프로그램의 실행결과를 작성하시오.

```
1    title="The Lion King"
2    title[4:9]
```

[실행결과]

문제 2

반지름을 입력받아 원의 넓이를 계산한 후 % 형식지정자를 이용하여 출력하는
프로그램을 작성하시오.

[실행결과]
반지름 입력: 5
원의 넓이는 78.50입니다.

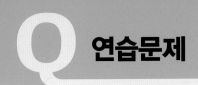

문제 3

가로 및 세로 길이를 입력받아 사각형의 넓이를 계산한 후 format( ) 함수를
이용하여 출력하는 프로그램을 작성하시오.

[실행결과]

가로 길이 입력: 20

세로 길이 입력: 10

가로: 20, 세로: 10, 넓이: 200

문제 4

다음 프로그램의 실행결과를 작성하시오.

```
1    account = 500000
2    name = input('회원이시면 이름 입력: ')
3    account += 5000
4    print('%s 회원님에게 1000포인트 지급' % name)
5    print('{} 회원님 잔고: {} point'.format(name, account))
```

[실행결과]

회원이시면 이름 입력: 파이썬

문제 5

해외여행을 위해 한국 돈 100만원을 미국 돈으로 환전한 달러와 남은 금액(원)을 출력하는 프로그램을 작성하시오. (단, 1달러: 1200원)

[실행결과]
환전한 달러: 833
남은 금액: 400원

문제 6

조촐한 홈 파티에 참석하는 친구들을 위해 음식을 준비하려고 한다. 참석 인원수에 따른 음식의 수량을 출력하는 프로그램을 작성하시오.
– 참석 인원에 따라 치킨(1인당 1마리), 맥주(1인당 2캔), 콜라(1인당 2캔)

[실행결과]
참석자 수: 5
치킨: 5 마리
맥주: 10 캔
콜라: 10 캔

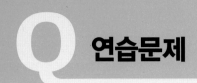

연습문제

문제 7

출생연도를 입력받아 한국 나이를 출력하는 실행결과가 나오도록 빈칸을 완성하시오.

[실행결과]
이름 입력: 홍길동
출생년도 입력: 2002
홍길동님의 한국 나이는 20살

문제 8

성적 비율에 따라 전체 총점을 출력하는 프로그램을 완성하시오.
- 출석 : 10%, 과제 : 30%, 중간 : 30%, 기말 : 30%

```
1    attend = 100
2    homework = 100
3    mid = 100
4    final = 100
5    _____
6    print(f'총점: {total}')
```

[실행결과]
총점: 100.0

문제 9

카페 총 매출액과 순이익을 출력하는 프로그램을 작성하시오.
– 커피 메뉴: 아메리카노 2000원, 카푸치노 3000원, 카페모카 3500원
– 하루 판매 수량: 각각 20, 10, 10, 하루 재료비: 100000원

[실행결과]
총매출액 : 105000
순이익 : 5000

Computing based Problem Solving

Computing based Problem Solving

Computing based Problem Solving

06

Computing based Problem Solving

자료 형태와
문제해결(1)

6.1 컬렉션 자료형

자료를 모아서 처리하는 컬렉션 자료형에 대한 기본 개념과 필요성에 대하여 알아보고, 컬렉션 자료형의 종류에 대하여 살펴본다.

컬렉션 자료형 이해

프로그래밍 언어를 원활하게 활용하기 위해서는 해당 언어의 자료 형태를 잘 이해하는 것이 중요하다. 해당 언어의 자료형을 잘 활용하는 것만으로도 그 언어의 절반을 터득한 것이라고 말하는 사람도 있다. 자료형이란 프로그래밍에서 사용하는 숫자, 문자열 등의 자료 형태로 사용하는 모든 것을 의미한다. 프로그래밍을 할 때 자료의 기본 단위이자 핵심 단위가 바로 자료형이다. 지금까지는 숫자형, 문자열형 등의 자료를 저장하기 위해서 필요한 자료만큼 변수를 선언하여 사용했다. 예를 들어 좋아하는 노래 재생 목록을 만든다고 해보자. 이때 노래를 자료라고 한다면 노래 하나를 저장하기 위해 변수 한 개가 필요하기 때문에 노래 10곡을 저장하려면 변수 10개가 필요하게 된다. 즉, 하나의 변수에는 하나의 자료만 저장할 수 있기 때문에 한 번에 여러 개의 자료를 저장하거나 여러 자료들을 관계있는 그룹으로 묶어 관리하는 것에는 어려움이 발생한다.

파이썬은 이러한 문제를 해결하기 위하여 컬렉션 자료형이라는 이름으로 하나의 변수에 여러 개의 자료를 저장할 수 있도록 제공한다. 컬렉션 자료형에는 네 가지 종류가 있는데, 종류에 따라 특징과 사용방법이 달라진다.

컬렉션 자료형 종류

컬렉션 자료형은 여러 개의 자료를 하나의 변수에 저장하는데, 변수 안에 저장된 여러 개의 자료에 각각 접근하기 위한 방법을 제공한다. 컬렉션 자료형은 리스트, 튜플, 딕셔너리, 세트라는 네 가지 종류로 구분되는데, 각 컬렉션 자료형마다 자료를 저장하고 제어하는 각각의 방법이 존재한다. 네 가지 종류의 컬렉션 자료형의 특징을 정리하면 다음과 같다.

종류		특징
순서형	리스트(list)	■ [ ] 안에 여러 자료를 하나의 변수에 모아 놓은 것이다.
	튜플(tuple)	■ ( ) 안에 여러 자료를 하나의 변수에 모아 놓은 것이다. ■ 자료를 변경할 수 없다.
비순서형	딕셔너리(dictionary)	■ { } 안에 'key':'value'의 형태로 여러 자료를 모아 놓은 것이다.
	세트(set)	■ { } 안에 여러 자료를 하나의 변수에 모아 놓은 것이다. ■ 중복 자료는 하나만 남긴다.

순서형 컬렉션 자료형에는 리스트와 튜플이 있는데, 리스트와 튜플은 여러 자료를 모아 하나의 변수에 저장할 때 나열되어 있는 자료 순서에 따라 번호가 부여된다. 때문에 순서형 컬렉션 자료형이라고 한다. 리스트와 튜플 자료형에 대하여 자세히 살펴보자.

6.2 리스트 자료형

파이썬에서 상대적으로 많이 사용되는 리스트를 이용하면 많은 양의 데이터들을 한번에 모아 효율적으로 저장하고 처리할 수 있다. 기존의 변수는 하나의 변수에 오직 하나의 자료만을 저장할 수 있기 때문에 1000명의 점수를 저장하려면 1000개의 변수가 필요하게 된다. 반면에 리스트는 오직 하나의 리스트 변수를 이용하여 1000명의 점수를 효율적으로 저장하고 처리할 수 있다. 이번 학기 이수한 과목별 점수를 입력받아 합계를 계산하여 출력하는 프로그램을 작성해 보자.

일반변수 사용

```
1   reading = int(input('읽기 점수: '))
2   writing = int(input('쓰기 점수: '))
3   arithmetic = int(input('셈하기 점수: '))
4   computing = int(input('컴퓨딩 점수: '))
5
6   hap = reading + writing + arithmetic + computing
7
8   print(f'합계: {hap}')
```

[실행결과]
읽기 점수: 90
쓰기 점수: 85
셈하기 점수: 80
컴퓨팅 점수: 95
합계: 350

리스트 변수 사용

```
1   course = [0,0,0,0]
2   course[0] = int(input('읽기 점수: '))
3   course[1] = int(input('쓰기 점수: '))
4   course[2] = int(input('셈하기 점수: '))
5   course[3] = int(input('컴퓨팅 점수: '))
6
7   hap = course[0] + course[1] + course[2] + course[3]
```

```
8
9    print(f'합계: {hap}')
```

[실행결과]
읽기 점수: 90
쓰기 점수: 85
셈하기 점수: 80
컴퓨팅 점수: 95
합계: 350

리스트 문법

리스트는 대괄호 [] 안에 다양한 유형의 자료들을 콤마(,)로 구분하여 하나 이상 저장할 수 있는 컬렉션 자료형이다. 대괄호 [] 안에 넣는 자료를 요소(원소, element)라고 부르고, 요소들은 순서를 가지고 있으며 인덱스를 사용하여 접근한다.

리스트 변수에 여러 개의 자료를 저장하는 기본 문법은 다음과 같다.

리스트 문법
리스트명 = [자료1, 자료2, 자료3, ...]

자료 없이 빈 리스트를 생성하는 방법은 다음과 같이 두 가지가 있다.

빈 리스트 생성 방법1		빈 리스트 생성 방법2	
1	a = []	1	b = list()
2	print(a)	2	print(b)
	[실행결과]		[실행결과]
	[]		[]

리스트 요소는 일반적으로 동일한 유형의 자료들로 구성하지만, 다양한 유형의 자료들을 섞어 저장할 수 있으며, 리스트 안에 또 다른 리스트를 저장할 수도 있다. 파이썬에서는 리스트에 여러 자료형을 섞어 저장하는 것이 가능하다.

리스트 초기화	
1 a = [1, 2, 3, 4, 5] 2 print(a)	1 b = ['Hi', 'Python'] 2 print(b)
[실행결과] [1, 2, 3, 4, 5]	[실행결과] ['Hi', 'Python']
1 c = [3, 4, 'Hi', [15, 25]] 2 print(c)	
[실행결과] [3, 4, 'Hi', [15, 25]]	

리스트 인덱싱과 슬라이싱

리스트도 문자열처럼 인덱싱(Indexing)과 슬라이싱(Slicing)이 가능하다. 인덱싱은 무엇인가 '가르킨다'라는 의미이고, 슬라이싱은 무엇인가 '잘라낸다'라는 의미이다.

리스트의 첫 번째 요소 위치는 0에서 시작한다. 파이썬뿐만 아니라 다른 프로그래밍 언어에서도 인덱스는 대부분 0에서 시작한다. 프로그래밍을 하다 보면 리스트의 마지막 요소에 접근할 때가 많은데 파이썬에서는 역인덱스 표기법을 이용하여 리스트의 마지막 요소에 보다 쉽게 접근할 수 있다. 마지막 요소는 [-1]로 표기하여 접근한다. 이러한 표현은 항상 리스트의 마지막 요소를 반환하고, [-2]는 뒤에서 두 번째 요소를, [-3]은 뒤에서 세 번째 요소를 반환한다.

리스트 인덱스 구조	
1 a = [15, 25, 35, 45]	0 1 2 3 ← 인덱스 15 25 35 45 -4 -3 -2 -1 ← 역 인덱스

리스트 인덱싱을 이용하여 리스트 안의 요소들을 다양한 형태로 꺼내와 출력해 보자.

리스트 인덱싱 사용

```
1   a = [15, 25, 35, 45]
2   print(a)
```

```
1   # 첫 번째 요소를 가져온다.
2   print( a[0] )
```

[실행결과]
[15, 25, 35, 45]

[실행결과]
15

```
1   print( a[0]+a[1] )
```

```
1   # 마지막 요소를 가져온다.
2   print( a[-1] )
```

[실행결과]
40

[실행결과]
45

```
1   print( a[4] )
```

[실행결과]
Traceback (most recent call last):
  File "<pyshell#21>", line 1, in <module>
    a[4]
IndexError: list index out of range

리스트 슬라이싱은 리스트 안에 범위를 지정하여 원하는 요소들을 선택적으로 접근하는 연산이다. 리스트명[시작:종료]와 같은 형식으로 슬라이싱을 하는데, '시작' 요소에서부터 '종료−1'까지에 있는 요소들을 선택한다. 슬라이싱을 통해 지정한 범위 안의 요소들을 가져와 새로운 리스트로 반환한다.

리스트 슬라이싱

```
1   a = [15, 25, 35, 45]
2   print( a[1:3] )
```

[실행결과]
[25, 35]

```
1    a = [15, 25, 35, [45, 55]]
2    print( a[0:2] )
```

[실행결과]
[15, 25]

```
1    print( a[1:] )
```

[실행결과]
[25, 35, [45, 55]]

```
1    print( a[:2] )
```

[실행결과]
[15, 25]

```
1    print( a[-1] )
```

[실행결과]
[45, 55]

```
1    print( a[3] )
```

[실행결과]
[45, 55]

```
1    # 이중 리스트 슬라이싱
2    print( a[3][0] )
```

[실행결과]
45

```
1    # 이중 리스트 슬라이싱
2    print( a[3][1] )
```

[실행결과]
55

리스트 요소값 변경하기

리스트 안의 요소값을 변경하기 위해서는 인덱스를 이용해서 해당 위치에 있는 요소값을 변경하면 된다.

```
1    a = [15, 25, 35]
2    print(a)
```

[실행결과]
[15, 25, 35]

```
1    a[0] = 100
2    print(a)
```

[실행결과]
[100, 25, 35]

```
1    # 슬라이싱으로 지정한 범위의 요소값도 한 번에 변경 가능하다.
2    a[1:3] = [85, 95]
3    print(a)
```

[실행결과]
[100, 85, 95]

리스트 제어함수

리스트 제어함수를 사용하는 방법은 리스트 변수 이름 뒤에 마침표(.)를 붙인 다음 리스트 제어함수 이름을 작성하여 사용한다. 파이썬에서 제공하는 유용한 리스트 제어함수의 사용 방법을 살펴보자.

리스트 요소값 추가

```
1    a = [15, 25]
2    a.append(35)
     print(a)
```

[실행결과]
```
[15, 25, 35]
```

```
1    # 리스트 안에 리스트 추가 가능
2    a.append([45,55])
3    print(a)
```

[실행결과]
```
[15, 25, 35, [45, 55]]
```

```
1    a.insert(1,20)
2    print(a)
```

[실행결과]
```
[15, 20, 25, 35, [45, 55]]
```

- .append(x) : 리스트 맨 마지막에 x의 요소값을 추가한다.
- .insert(index, x) : 리스트 안의 원하는 위치에 요소값을 추가(삽입)할 수 있다. 리스트 위치(index)에 x의 값을 넣는다.

리스트 정렬

```
1    a = [85, 65, 55, 25, 45]
2    a.sort()                 # 오름차순 정렬
3    print(a)
```

[실행결과]
```
[25, 45, 55, 65, 85]
```

```
1    a.sort(reverse=True)     # 내림차순 정렬
2    print(a)
```

[실행결과]
```
[85, 65, 55, 45, 25]
```

```
1    b = ['hi', 'apple', 'banana']
2    b.sort()                 # 알파벳 정렬
3    print(b)
```

[실행결과]
['apple', 'banana', 'hi']

```
1  c = ['리스트', '튜플', '딕셔너리', '세트']
2  c.sort()                # 한글 정렬
3  print(c)
```

[실행결과]
['딕셔너리', '리스트', '세트', '튜플']

```
1  c.sort(reverse=True)
2  print(c)
```

[실행결과]
['튜플', '세트', '리스트', '딕셔너리']

리스트 요소값 삭제

```
1  a = [15, 25, 35, 45]
2  a.pop()
```

```
1  print(a)
```

[실행결과]
45

[실행결과]
[15, 25, 35]

```
1  a.pop(1)
```

```
1  print(a)
```

[실행결과]
25

[실행결과]
[15, 35]

```
1  a.remove(35)
2  print(a)
```

```
1  a.remove(0)
```

[실행결과]
[15]

[실행결과]
```
Traceback (most recent call last):
  File "<pyshell#12>", line 1, in <module>
    a.remove(0)
ValueError: list.remove(x): x not in list
```

- .pop() : 리스트 맨 뒤의 요소값을 꺼내고, 꺼낸 요소는 삭제한다.
- .pop(index) : 리스트에서 인덱스가 가리키는 요소값을 꺼내고, 꺼낸 요소는 삭제한다.
- .remove(x) : 리스트에서 x를 삭제하는 함수이다
        (단, x값이 중복되면 첫 번째 요소만 삭제한다.)

리스트에서 찾을 요소값의 개수(count) 세기

```
1    a = [15, 25, 35, 25]
2    a.count(25)
```

[실행결과]
2

```
1    a = ['홍길동', '홍길순', '홍길동']
2    a.count('홍길동')
```

[실행결과]
2

리스트에서 요소값의 위치(인덱스) 반환

```
1    a = [15, 25, 35]
2    a.index(25)
```

[실행결과]
1

```
1    a.index(15)
```

[실행결과]
0

```
1    a.index(45)
```

[실행결과]
```
Traceback (most recent call last):
  File "<pyshell#3>", line 1, in <module>
    a.index(40)
ValueError: 40 is not in list
```

리스트 제어함수		
함수	설명	사용 예
append()	요소를 마지막 위치에 추가	리스트.append(자료값)
insert()	해당 위치에 요소를 삽입	리스트.insert(위치,자료값)
sort()	오름차순 정렬	리스트.sort()
	내림차순 정렬	리스트.sort(reverse=True)
reverse()	요소 순서를 거꾸로 뒤집음	리스트.reverse()
pop()	맨 뒤 요소를 꺼내고, 꺼낸 요소는 삭제	리스트.pop()
	지정 위치에 있는 요소 삭제	리스트.pop(위치)
remove()	해당 요소를 찾아 삭제	리스트.remove(삭제할자료값)

count()	해당 요소의 개수 반환	리스트.count(찾을자료값)
index()	지정 위치에 요소가 있으면 위치값 반환	리스트.index(자료값)
len()	요소의 총 개수를 반환	len(리스트)

6.3 튜플 자료형

리스트는 프로그램 실행 중에 자료들이 변경되어도 괜찮은 자료를 구성할 때 알맞은 자료형이다. 튜플은 한 번 저장한 자료는 수정할 수 없는 자료형으로, 읽기 전용의 자료를 구성할 때 유용하게 사용된다. 따라서 프로그램이 실행되는 동안 자료가 항상 변경되지 못하도록 해야 한다면 튜플을 사용하고, 이와는 반대로 수시로 자료가 변경되어야 하는 경우라면 리스트를 사용하는 것이 좋다. 한 번 저장한 자료를 변경, 추가, 삭제할 수 없는 튜플은 왜 만들어 놓았을까? 이유는 파이썬 프로그래밍에서 튜플을 사용하는 쪽이 더 유리한 경우도 있기 때문이다. 보통 튜플은 요소가 절대 변경되지 못하도록 보호할 때 사용하기 때문에 튜플을 만든 상태에서 요소를 변경하게 되면 오류가 발생하게 된다. 따라서 요소를 실수로 변경하는 상황을 방지할 수 있다. 반면 요소를 자주 변경해야 할 때는 리스트를 사용하면 된다. 보통 실무에서는 튜플보다 리스트를 더 자주 사용하는 편이다.

튜플 문법

튜플은 소괄호 ( ) 안에 다양한 유형의 자료들을 콤마(,)로 구분하여 하나 이상 저장할 수 있는 컬렉션 자료형이다. 리스트와 마찬가지로 소괄호 ( ) 안에 넣는 자료를 요소(원소, element)라고 부른다. 요소들은 순서를 가지고 있으며, 순서에 따라 0부터 시작하는 인덱스를 통해 접근할 수 있는데, 이는 리스트와 동일하다. 단, 튜플은 한 번 저장된 요소는 변경할 수 없다.

튜플 문법
튜플명 = (자료1, 자료2, 자료3, ...)

자료 없이 빈 튜플을 생성하는 방법은 두 가지가 있는데, 빈 튜플 생성은 다음과 같이 한다.

빈 튜플 생성 방법1	빈 튜플 생성 방법2
1 a = () 2 print(a)	1 b = tuple() 2 print(b)

[실행결과]
    ()
	[실행결과]
	    ()

튜플 요소는 일반적으로 동일한 유형의 자료들로 구성하지만, 다양한 유형의 자료들을 섞어 저장할 수 있으며, 튜플 안에 또 다른 튜플을 저장할 수도 있다. 파이썬에서는 튜플에 여러 자료형을 섞어 저장하는 것이 가능하다.

튜플 초기화

1 a = (1, 3, 5, 7, 9) 2 print(a)	1 b = ['빨', '주', '노', '초', '파', '남', '보'] 2 b = tuple(b) 3 print(b)

[실행결과]
    (1, 3, 5, 7, 9)
	[실행결과]
	    ('빨', '주', '노', '초', '파', '남', '보')

1 x = 1, 2 2 print(x)	1 y = (15, 25, (35, 45)) 2 print(y)

[실행결과]
    (1, 2)
	[실행결과]
	    (15, 25, (35, 45))

튜플은 자료를 변경할 수 없기 때문에 인덱스에 의한 변경도 불가능하고, 리스트에서 사용했던 append() 등과 같은 추가, 삭제 등의 제어함수 또한 당연히 튜플에서는 제공되지 않는다.

리스트 정렬

```
1    a = (10,20,30)
2    a[0] = 100
```

[실행결과]
Traceback (most recent call last):
  File "<pyshell#13>", line 1, in <module>
    a[0]=100

```
        TypeError: 'tuple' object does not support item assignment
```

1	a.append(40)

```
[실행결과]
Traceback (most recent call last):
  File "<pyshell#14>", line 1, in <module>
    a.append(40)
AttributeError: 'tuple' object has no attribute 'append'
```

튜플 인덱싱과 슬라이싱

튜플은 저장된 데이터를 변경시킬 수 없다는 점만 제외하면 리스트와 완전히 동일하게 사용할 수 있다.

튜플 인덱싱과 슬라이싱	
1 a = (15, 25, 35, 45) 2 print(a[0])	1 print(a[-1])
[실행결과] 15	[실행결과] 45
1 print(a[1:])	1 print(a[:2])
[실행결과] (25, 35, 45)	[실행결과] (15, 25)

Q 연습문제

문제 1

다음 프로그램의 실행결과를 작성하시오.

```
1    color = ['red', 'blue']
2    color.append('green')
3    print(color)
```

[실행결과]

```
1    color.pop()
```

[실행결과]

```
1    color.insert(1, 'orange')
2    print(color)
```

[실행결과]

```
1    color.index('green')
```

[실행결과]

```
1    len(color)
```

[실행결과]

문제 2

다음 프로그램의 실행결과를 작성하시오.

```
1    score = [85, 95, 80, 90, 95]
2    print(score)
```

[실행결과]

```
1    print(score[2])
```

[실행결과]

```
1    print(score[:3])
```

[실행결과]

```
1    print(score[-1])
```

[실행결과]

```
1    print(score[2:4])
```

[실행결과]

```
1    print(score[3:])
```

[실행결과]

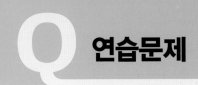

문제 3

실행결과와 같이 출력되도록 밑줄에 알맞은 코드를 완성하시오.

```
1    spot = ['을지로', '경리단길', '연남동', '익선동']
2    select = spot _____
3    print(select)
```

[실행결과]
['연남동', '익선동']

문제 4

실행결과와 같이 출력되도록 밑줄에 알맞은 코드를 완성하시오.

```
1    number = [55, 35, 75, 45]
2    number. _____
3    number. _____
4    print(number)
```

[실행결과]
[45, 55, 75]

문제 5

리스트 제어함수를 활용하여 조건 1) ~ 7)까지 차례대로 수행할 때 실행결과와 같이 출력되도록 밑줄에 알맞은 코드를 완성하시오.

〈조건〉

1) 학생이 3명['개굴닌자', '피카츄', '리자몽']인 학과에 가디안이 편입을 했다. "가디안"을 리스트에 추가해 보자.

2) 위 리스트에 동명이인 "피카츄"가 새로 편입을 했다. 원래 있던 "피카츄" 뒤에 "피카츄"를 추가해 보자.

3) "피카츄"가 몇 명인지 출력하시오.

4) 현재 출석부를 역순으로 출력하시오.

5) "개굴닌자"가 다른 학과로 전과를 했다. "개굴닌자"를 찾아 삭제하시오.

6) 현재 출석부를 내림차순으로 정렬하시오.

7) 현재 남아 있는 학생의 인원수를 구하시오.

```
1    name = ['개굴닌자', '피카츄', '리자몽']
2    print(name)
```

[실행결과]

```
['개굴닌자', '피카츄', '리자몽']
```

```
1    _____  #1)
2    print(1, name)
```

[실행결과]

```
1 ['개굴닌자', '피카츄', '리자몽', '가디안']
```

```
1    _____  #2)
2    print(2, name)
```

[실행결과]

```
2 ['개굴닌자', '피카츄', '피카츄', '리자몽', '가디안']
```

```
1    _____  #3)
```

[실행결과]

```
2
```

```
1    _____  #4)
2    print(4, name)
```

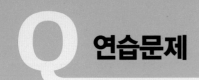
[실행결과]

4 ['가디안', '리자몽', '피카츄', '피카츄', '개굴닌자']

```
1    _____ #5)
2    print(5, name)
```

[실행결과]

5 ['가디안', '리자몽', '피카츄', '피카츄']

```
1    _____ #6)
2    print(6, name)
```

[실행결과]

6 ['피카츄', '피카츄', '리자몽', '가디안']

```
1    _____ #7)
```

[실행결과]

4

Computing based Problem Solving

07

자료 형태와
문제해결(2)

자료 형태와 문제해결

학습목표

- 비순서형 컬렉션 자료형이 무엇인지 이해하고, 종류를 구별하여 설명할 수 있다.

- 딕셔너리와 세트 자료형을 이해하고 특징을 설명할 수 있다.

- 상황에 따라 딕셔너리와 세트 자료형을 알맞게 사용하여 문제를 해결할 수 있다.

학습목차

7.1 비순서형 컬렉션 자료형

자료를 모아서 처리하는 컬렉션 자료형은 순서형과 비순서형이 있다고 앞서 간단히 소개한 바 있다. 지난 장에서는 순서형 컬렉션 자료형에 대하여 알아보았는데, 이번에는 비순서형 컬렉션 자료형에 대하여 살펴보자.

비순서형 컬렉션 자료형 이해

순서형 컬렉션 자료형에는 리스트와 튜플 자료형이 있다. 리스트와 튜플은 나열되어 있는 자료의 순서에 따라 번호가 부여되고, 이 번호는 인덱스라고 부르며 0번부터 시작한다. 이에 반해 비순서형 컬렉션 자료형은 자료의 순서와는 상관이 없으며, 인덱스 번호 또한 없다. 인덱스 번호가 없는 대신 딕셔너리는 키(key)를 가지며, 키를 중심으로 값(value)에 접근할 수 있다. 세트는 중복 자료를 제거하여 유일한 자료들로 구성하기 위해 제공되는 자료형으로 순서에 의한 인덱스, 키 등이 존재하지 않는다.

컬렉션 자료형 종류

순서형 컬렉션 자료형 리스트와 튜플, 비순서형 컬렉션 자료형 딕셔너리와 세트에 대하여 간단히 언급한 바 있다. 네 가지 컬렉션 자료형의 특징을 정리하면 다음과 같은데, 이번에는 비순서형인 딕셔너리와 세트에 대하여 자세히 알아보기로 한다.

종류		예시
순서형	리스트(list)	■ [ ] 안에 여러 자료를 하나의 변수에 모아 놓은 것이다.
	튜플(tuple)	■ ( ) 안에 여러 자료를 하나의 변수에 모아 놓은 것이다. ■ 자료를 변경할 수 없다.
비순서형	딕셔너리(dictionary)	■ { } 안에 'key':'value'의 형태로 여러 자료를 모아 놓은 것이다.
	세트(set)	■ { } 안에 여러 자료를 하나의 변수에 모아 놓은 것이다. ■ 중복 자료는 하나만 남긴다.

7.2 딕셔너리 자료형

딕셔너리(dictionary)는 한글로 표현하면 '사전'이다. 한글 사전은 가나다순으로, 영어 사전은 알파벳순으로 정렬한다. 이러한 정렬 상태는 찾고 싶은 단어를 빠르고 쉽게 찾을 수 있도록 해준다. 파이썬에서는 딕셔너리(Dictionary)라는 자료형을 통해 연관된 자료를 묶어서 각각의 요소를 key:value 형태로 저장해 놓는다. 딕셔너리는 리스트나 튜플처럼 순서에 의한 인덱스가 없기 때문에 인덱스로 요소에 접근하지 않는 대신, 사전에서 단어를 찾을 때처럼 키(key)를 통해 값(value)에 접근한다. 이것이 바로 딕셔너리의 가장 큰 특징이다.

딕셔너리 문법

{ } 안에 키(key):값(value) 형식으로 하나의 자료를 묶어 콤마(,)로 구분하여 여러 개의 자료를 저장한다. 딕셔너리는 '키'를 먼저 지정하고 :(콜론) 뒤에 '값'을 표현한다. 키와 값은 1:1 대응관계이다. 만약 동일한 '키'를 가지는 요소들이 있게 되면 맨 뒤에 있는 요소만 접근되고, 나머지 동일 키의 요소들은 모두 무시된다.

딕셔너리 변수에 여러 개의 자료를 저장하는 기본 문법은 다음과 같다.

딕셔너리 문법
딕셔너리명 = {키1:값1, 키2:값2, 키3:값3, ...}

자료 없이 빈 딕셔너리를 생성하는 방법은 두 가지가 있는데, 빈 딕셔너리 생성은 다음과 같이 한다.

빈 딕셔너리 생성 방법1	빈 딕셔너리 생성 방법2
1 a = {} 2 print(a)	1 b = dict() 2 print(b)
[실행결과] {}	[실행결과] {}

딕셔너리의 키와 값은 여러 자료형을 섞어 저장하는 것이 가능하다.

딕셔너리 초기화

```
1    book = {550:'과학', 800:'문학', 700:'예술'}
2    print(book)
```

[실행결과]
{550: '과학', 800: '문학', 700: '예술'}

```
1    menu = {'김밥':2500, '라면':3500, '떡볶이':3000}
2    print(menu)
```

[실행결과]
{'김밥': 2500, '라면': 3500, '떡볶이': 3000}

딕셔너리 요소 접근

딕셔너리를 생성할 때는 중괄호 {}를 사용하지만, 딕셔너리 요소에 접근할 때는 리스트처럼 딕셔너리 이름 뒤에 대괄호 []를 입력하고 내부에 인덱스 대신 키를 입력한다. 키를 이용하여 값에 접근하고 값을 읽어올 수 있다. 딕셔너리에 요소를 추가할 때는 딕셔너리 요소 접근 방법과 동일하게 딕셔너리 이름 뒤에 대괄호 []를 입력하고 내부에 키를 입력하는데, 해당 키가 딕셔너리에 없는 키라면 새로운 요소로 추가하고, 이미 있는 키라면 해당 키의 값을 변경한다.

딕셔너리 요소 접근

```
1    menu = {'김밥':2500, '라면':3000, '떡볶이':3000}
2    print( menu['김밥'] )
```

	[실행결과] 2500		
1	print(menu['라면'])	1	menu['라면'] = 3500 print(menu['라면'])
	[실행결과] 3000		[실행결과] 3500

```
1   menu['어묵'] = 1000
2   print( menu )
```

[실행결과]
{'김밥': 2500, '라면': 3500, '떡볶이': 3000, '어묵': 1000}

```
1   # 동일한 키를 가지는 요소들이 있으면 맨 뒤에 있는 요소만 접근
2   book = {100:'과학', 100:'문학', 100:'예술'}
3   print( book[100] )
```

[실행결과]
예술

```
1   print( menu['쫄면'] )
```

[실행결과]
Traceback (most recent call last):
  File "<pyshell#13>", line 1, in <module>
    menu['쫄면']
KeyError: '쫄면'

딕셔너리 제어함수

딕셔너리 제어함수를 사용하는 방법은 딕셔너리 변수 이름 뒤에 마침표(.)를 붙인 다음 딕셔너리 제어함수 이름을 작성하여 사용한다. 파이썬에서 제공하는 유용한 딕셔너리 제어함수의 사용방법을 살펴보자.

딕셔너리의 모든 키(key), 값(value), 키와 값(item) 반환

```
1   menu = {'김밥':2500, '라면':3000, '떡볶이':3000}
2   print( menu.keys() )
```

[실행결과]
dict_keys(['김밥', '라면', '떡볶이'])

```
1    print( menu.values() )
```

[실행결과]
dict_values([2500, 3000, 3000])

```
1    print( menu.items() )
```

[실행결과]
dict_items([('김밥', 2500), ('라면', 3000), ('떡볶이', 3000)])

- .keys() 함수 : 딕셔너리의 키들만 반환한다.
- .values() 함수 : 딕셔너리의 값들만 반환한다.
- .items() 함수 : 키(key)와 값(value)의 쌍을 튜플로 묶어 반환한다.

딕셔너리 값(value) 반환 : get() 함수

```
1    book = {550:'과학', 800:'문학', 700:'예술'}
2    print( book[550] )            # 기존 방식
```

[실행결과]
과학

```
1    # 없는 키로 접근하면 오류 발생 (기본 방식)
     print( book[100] )
```

[실행결과]
Traceback (most recent call last):
  File "<pyshell#2>", line 1, in <module>
    name[100]
KeyError: 100

```
1    # get() 함수를 이용한 값 반환
2    book.get(800)
```

[실행결과]
'문학'

```
1    # get() 함수로 접근하면 없는 키도 오류 발생하지 않음
2    book.get(00)
```

[실행결과]


```
1    # 없는 키일 때 오류 메시지 지정
2    book.get(100, '없는 분류')
```

[실행결과]
　'없는 분류'

- .get() 함수 : 키를 통해 값을 추출하는 함수로 딕셔너리[키]와 같은 기능을 수행하지만, 키가 존재하지 않아도 KeyError를 발생시키지 않는다. 키가 존재하지 않는 경우 오류 메시지를 지정할 수 있다.

딕셔너리 요소 삭제 : del() 함수, pop() 함수, clear() 함수

```
1    name = {100:'단군', 200:'계백',300:'이황'}
2    del(name[100])
3    print(name)
```

[실행결과]

{200: '계백', 300: '이황'}

```
1    name.pop(200)
```

```
1    print(name)
```

[실행결과]

'계백'

[실행결과]

{300: '이황'}

```
1    name = {100:'단군', 200:'계백',300:'이황'}
2    name.clear()
3    print(name)
```

[실행결과]

{}

앞서 살펴보았던 딕셔너리 제어함수들을 정리하면 다음과 같다. 다음 제어함수들 중에서 list() 함수와 tuple() 함수는 딕셔너리의 키들로 리스트를 만들거나 튜플을 만든다. 만약 딕셔너리의 값을 추출하여 리스트나 튜플로 만들려면 values() 함수를 이용하여 값들만 추출한 후에 list() 함수나 tuple() 함수를 이용하여 리스트나 튜플로 만들면 된다.

딕셔너리 제어함수		
종류	설명	사용 예
get()	키로 요소를 접근하여 반환	딕셔너리.get(키)
keys()	딕셔너리의 모든 키 반환	딕셔너리.keys()
values()	딕셔너리의 모든 값 반환	딕셔너리.values()

items()	딕셔너리의 모든 키와 값 반환	딕셔너리.items()
del()	요소 삭제	del(딕셔너리[키])
pop()	요소 출력 후 삭제	딕셔너리.pop(키)
clear()	모든 요소 삭제	딕셔너리.clear()
list()	리스트로 만들기	list(딕셔너리)
tuple()	튜플로 만들기	tuple(딕셔너리)

7.3 세트 자료형

세트(set)는 중복 자료를 제거하여 유일한 자료들로 구성하기 위해 제공되는 자료형으로 집합에 관련된 처리를 쉽게 할 수 있다. 중복 자료를 허용하지 않기 때문에 중복 자료를 저장하면 유일한 자료만 남기고 모두 삭제된다.

리스트나 튜플은 순서가 있기 때문에 인덱스를 통해 요소에 접근하고, 딕셔너리는 키로 요소에 접근할 수 있지만, 세트는 인덱스도 없고 키도 없기 때문에 개별적으로 자료에 접근할 수 없다. 세트 자료형의 특징은 다음과 같다.

세트 자료형 특징

- 중복을 허용하지 않기 때문에 유일한 자료들로 구성된다.
- 세트 간에 순서도 없고, 인덱스도 없으며, 키도 없다.
- 수학의 집합과 관련된 처리를 쉽게 할 수 있다.

세트 문법

세트 변수에 여러 개의 자료를 저장하는 기본 문법은 다음과 같다.

세트 문법

세트명 = {자료1, 자료2, 자료3, ...}

자료 없이 빈 세트를 생성하는 방법은 다음과 같다. 단, 세트를 생성할 때 "**세트명 = {}**" 형태로 생성하면 딕셔너리로 생성된다는 점을 주의해야 한다.

빈 세트 생성

```
1   a = set()
2   print(a)
```

```
1   type(a)
```

[실행결과]
```
set()
```

[실행결과]
```
<class 'set'>
```

``` 1 b = {} # 딕셔너리로 생성 2 print(b) ```	``` 1 type(b) ```
[실행결과] {}	[실행결과] <class 'dict'>

세트도 여러 자료형을 섞어 저장하는 것이 가능하다. 세트는 순서가 없기 때문에 순서대로 출력되지 않을 수 있다. 중복 자료가 있을 때는 유일한 자료만 남기고 삭제한다.

세트 초기화

``` 1 a = { 15, 25, 'apple' } 2 print(a) ```	``` 1 c = set([15, 35, 25]) 2 print(c) ```
[실행결과] {25, 'apple', 15}	[실행결과] {25, 35, 15}
``` 1 b = {15, 25, 35, 25} 2 print(b) ```	
[실행결과] {25, 35, 15}	

세트 요소 확인

세트는 인덱스나 키로 요소에 접근할 수는 없지만, in 연산자를 이용하면 특정 요소가 있는지 확인할 수 있다. in 연산자는 세트 외에도 다른 자료형에서 모두 사용이 가능하다.

세트 요소 확인

``` 1 a = {'가', '다', '라', '마', '바'} 2 '가' in a ```	``` 1 '나' in a ```
[실행결과] True	[실행결과] False

세트 연산

세트는 수학의 집합과 같은 처리를 쉽게 할 수 있는 연산을 제공한다.

세트 연산	
| ```
1    setA = {15, 25, 35}
2    setB = {25, 45}
3    print(setA & setB)        # 교집합
``` | |
| [실행결과]
{25} | |
| ```
1    setA.intersection(setB)   # 교집합
``` | |
| [실행결과]
{25} | |
| ```
1    print(setA | setB)        # 합집합
``` | |
| [실행결과]
{35, 25, 45, 15} | |
| ```
1    setA.union(setB)          # 합집합
``` | |
| [실행결과]
{15, 25, 35, 45} | |
| ```
1    setA - setB               # 차집합
``` | |
| [실행결과]
{15, 35} | |
| ```
1    setB - setA               # 차집합
``` | |
| [실행결과]
{45} | |

세트 제어함수

세트 제어함수를 사용하는 방법은 세트 변수 이름 뒤에 마침표(.)를 붙인 다음 세트 제어함수 이름을 작성하여 사용한다. 세트 제어함수를 이용하여 세트 요소를 추가 및 삭제하는 방법을 살펴보자.

```
1    set1 = {15, 25, 35}
2    print(set1)
```

[실행결과]
```
{25, 35, 15}
```

```
1    set1.add(45)            1    set1.update([55, 65])
2    print(set1)             2    print(set1)
```

[실행결과]
```
{25, 35, 45, 15}
```

[실행결과]
```
{65, 35, 45, 15, 55, 25}
```

```
1    set1.remove(45)
2    print(set1)
```

[실행결과]
```
{65, 35, 15, 55, 25}
```

- .add( ) 함수 : 요소 한 개 추가
- .update( ) 함수 : 요소 여러 개 추가(여러 개 자료는 대괄호로 묶음)
- .remove( ) 함수 : 특정 요소 삭제

중복된 자료가 있는 리스트를 set( ) 함수를 이용하여 세트로 만든다. 세트가 되면 자동으로 중복 자료는 삭제된다. 이후 list( ) 함수를 이용하여 새로운 리스트로 생성하면 인덱스로 접근이 가능해진다.

```
1    color = ['빨', '주', '노', '초', '빨']
2    set1 = set(color)
3    print(set1)
```

[실행결과]
```
{'노', '주', '빨', '초'}
```

```
1    uniqueColor = list(set1)
2    print(uniqueColor)
```

[실행결과]
```
['노', '주', '빨', '초']
```

```
1    uniqueColor.sort()
2    print(uniqueColor)
```

[실행결과]
```
['노', '빨', '주', '초']
```

```
1    print(f'첫번째 요소: {uniqueColor[0]}')
2    print(f'마지막 요소: {uniqueColor[-1]}')
```

[실행결과]
첫번째 요소: 노
마지막 요소: 초

앞서 살펴보았던 세트 제어함수를 정리하면 다음과 같다.

세트 제어함수		
함수	설명	사용 예
intersection()	두 개 세트의 교집합	세트1.intersection(세트2)
union()	두 개 세트의 합집합	세트1.union(세트2)
difference()	두 개 세트의 차집합	세트1.difference(세트2)
add()	자료 한 개 추가	세트.add(자료)
update()	자료 여러 개 추가	세트.update([자료1,자료2])
remove()	특정 자료 삭제	세트.remove(자료)
list()	리스트로 만들기	list(세트)
tuple()	튜플로 만들기	tuple(세트)

Q 연습문제

문제 1

실행결과와 같이 출력되도록 밑줄에 알맞은 코드를 완성하시오.

```
1    celebrity = {100:'이황', 200:'최영', 300:'이상'}
2    list(celebrity._____)
```

[실행결과]
```
[100, 200, 300]
```

```
1    list(celebrity._____)
```

[실행결과]
```
['이황', '최영', '이상']
```

```
1    list(celebrity._____)
```

[실행결과]
```
[(100, '이황'), (200, '최영'), (300, '이상')]
```

```
1    celebrity._____(200)
```

[실행결과]
```
'최영'
```

```
1    _____(celebrity[100])
2    print(celebrity)
```

[실행결과]
```
{200: '최영', 300: '이상'}
```

문제 2

다음 프로그램의 실행결과를 작성하시오.

```
1    A = {10, 20, 30}
2    B = {30, 40, 50, 50}
3    print( A | B )
```

[실행결과]


```
1    print( A & B )
```

[실행결과]


```
1    print( A - B )
```

[실행결과]

문제 3

다음은 채팅 앱에 친구를 등록하고, 이름으로 검색한 후 연락처를 출력하는 프로그램이다. 실행결과와 같이 출력되도록 밑줄에 알맞은 코드를 완성하시오.

〈조건〉

1) 딕셔너리 자료형으로 임의의 친구 이름과 연락처를 저장한다.

2) 저장한 딕셔너리에서 친구의 이름만 추출하여 리스트로 변환 후 출력한다.

3) 임의의 친구를 검색하여 존재하면 출력하고, 존재하지 않으면 "없는 친구"라는 오류 메시지를 출력한다.

4) 검색하는 친구 이름은 키보드로부터 입력받아 처리한다.

```
1    addr={}
2
3    addr['김유신']='010-1111-1111'
4    addr['강감찬']='010-2222-2222'
5    addr['이순신']='010-3333-3333'
6    addr['안중근']='010-4444-4444'
7    addr['유관순']='010-5555-5555'
8
9    _____
```

[실행결과]

['김유신', '강감찬', '이순신', '안중근', '유관순']

```
1    _____
2    _____
```

[실행결과]	[실행결과]
친구 이름: 김유신	친구 이름: 문익점
010-1111-1111	없는 친구

문제 4

다음과 같이 A 동아리와 B 동아리에 학생들이 가입하였다. 실행결과와 같이 출력되도록 밑줄에 알맞은 코드를 완성하시오.

```
clubA = {'단군', '계백', '이황'}
clubB = {'김유신','단군', '최영'}
```

〈조건〉

1) 두 동아리에 가입한 모든 학생들을 ClubC에 저장한 후 출력한다.

2) A 동아리와 B 동아리에 모두 가입한 학생 명단을 출력한다.

3) A 동아리에서 B 동아리에 가입한 학생 명단을 제외하고 출력한다. (A 동아리에만 가입한 학생 명단)

4) B 동아리에서 A 동아리에 가입한 학생 명단을 제외하고 출력한다. (B 동아리에만 가입한 학생 명단)

5) A 동아리에 '이이' 회원이 새로 가입했다.

6) B 동아리의 '김유신' 회원이 탈퇴했다.

7) A 동아리와 B 동아리 회원들을 각각 출력한다.

```
1   _____
2   print(clubC)
```

[실행결과]
{'단군', '계백', '김유신', '최영', '이황'}

```
1   _____
```

[실행결과]
{'단군'}

```
1   _____
```

[실행결과]
{'이황', '계백'}

```
1   _____
```

[실행결과]
{'김유신', '최영'}

```
1  _____
2  print(clubA)
```

[실행결과]
{'이이', '단군', '이황', '계백'}

```
1  _____
2  print(clubB)
```

[실행결과]
{'단군', '최영'}

```
1  print(f'A 동아리: {clubA}')
2  print(f'B 동아리: {clubB}')
```

[실행결과]
A 동아리: {'이이', '단군', '이황', '계백'}
B 동아리: {'단군', '최영'}

Computing based Problem Solving

Computing based Problem Solving

Computing based Problem Solving

08

선택구조와
문제해결(1)

8.1 관계 및 논리 연산자

프로그램은 제어문을 만나기 전까지 위에서 아래로 순차적으로 실행된다. 제어문이란 조건식이 만족하는 동안은 특정 구간을 한 번 또는 여러 번 반복하여 실행하도록 제어하는 문장이다.

제어문은 선택문과 반복문으로 나뉘는데, 선택문은 조건식이 만족하면 한번 실행하고, 만족하지 않으면 해당 구간을 건너뛰게 된다. 즉, 선택문은 if 문을 이용하여 조건식의 결과가 참(True)인지, 거짓(False)인지를 판별하고, 결과에 따라 명령문을 실행하거나 실행하지 않는 선택적 구조이다.

선택문의 선택적 실행을 위한 조건식에 대하여 알아보고, 선택문의 다양한 형태에 대하여 살펴보자.

파이썬의 연산자에는 산술, 대입, 관계, 논리 연산자 등이 있다. 산술 및 대입 연산자에 대해서는 앞서 소개한 바 있다. 이번에는 조건식을 표현할 때 많이 사용되는 관계 및 논리 연산자에 대하여 학습한다.

관계 연산자

관계 연산자(또는 비교 연산자)는 두 개 이상의 연산식 또는 변수의 비교를 위해 사용하며, 결과는 참(True) 또는 거짓(False)이 된다. 단독으로 사용하기보다는 조건문과 반복문의 조건식을 표현할 때 주로 사용된다. 관계 연산자의 종류는 다음과 같다.

연산자	의미
==	좌측과 우측 값이 동일한가?
!=	좌측과 우측 값이 동일하지 않은가?
>	좌측 값이 우측 값보다 큰가?

>=	좌측 값이 우측 값보다 크거나 동일한가?
<	좌측 값이 우측 값보다 작은가?
<=	좌측 값이 우측 값보다 작거나 동일한가?

관계 연산자

1 print(15 == 15)	1 print(15 != 15)
[실행결과] True	[실행결과] False
1 print(15 > 25)	1 print(15 <= 25)
[실행결과] False	[실행결과] True

논리 연산자

논리 연산자는 앞에서 살펴보았던 관계 연산이 많을 경우 모든 관계 연산이 참(True)인지 하나만 참(True)인지를 확인할 때 주로 사용한다. 이 외에 참(True) 또는 거짓(False)을 반대로 만들어 주는 논리 연산자도 있다. 논리 연산식의 결과도 참(True) 또는 거짓(False)이 된다. 논리 연산자의 종류는 다음과 같다.

연산자	의미
and	좌측과 우측이 모두 참(True)일 때만 참(True)
or	좌측과 우측 둘 중 하나만 참(True)이어도 참(True)
not	참(True)이면 거짓(False)으로, 거짓(False)이면 참(True)으로 반전

논리 연산자와 관계 연산자를 함께 사용하는 예는 다음에서 확인할 수 있다. 관계 연산자는 논리 연산자보다 우선순위가 높기 때문에 관계 연산부터 수행한다. 예를 들어 "not (a>100)"의 경우 "not a>100"으로 표현하더라도 "a>100"을 먼저 처리한다.

논리 연산자

```
1    a = 15
2    b = 65
3    # 관계 연산자와 논리 연산자 함께 사용
4    print( a<50 and b>50 )
```

[실행결과]
True

```1 print(a>50 or b<70)```	```1 print(not (a>100))```
[실행결과] True	[실행결과] True

조건식

관계 연산자와 논리 연산자를 이용하여 표현한 조건식의 결과는 만족하면 참(True), 만족하지 않으면 거짓(False)의 결과 값을 가지게 된다. 조건식의 예는 다음과 같다.

조건식	설명
total >= 200	total 변수에 저장된 자료가 200 이상이면 만족하는 조건식
mid+final < 150	mid 변수와 final 변수를 더한 값이 150 미만이면 만족하는 조건식
8 <= age < 60	age 변수에 저장된 자료가 8 이상, 60 미만이면 만족하는 조건식
num % 5 == 0	num 변수에 저장된 자료를 5로 나눈 나머지가 0이면 만족하는 조건식
one != two	one 변수와 two 변수에 저장된 자료가 다르면 만족하는 조건식
math>=90 and eng>=90	math 변수에 저장된 자료가 90 이상이고, eng 변수에 저장된 자료가 90 이상이면 만족하는 조건식
w=='여름' or w=='겨울'	w 변수에 저장된 자료가 '여름' 이거나, w 변수에 저장된 자료가 '겨울' 이면 만족하는 조건식
not(flag==0)	flag 변수에 저장된 자료가 0이 아니면 만족하는 조건식

8.2 선택문 개요

선택문은 조건식을 이용하여 결과가 참(True)인지 거짓(False)인지에 따라 종속된 명령문을 실행하거나 실행하지 않는 선택적 구조이다. 우리 일상생활 속에서도 수많은 선택구조가 존재한다. 선택문을 이용하면 이러한 선택구조 문제를 수월하게 해결할 수 있다.

일상생활 속에서의 선택구조 문제

- 게임에서 정답을 맞히면 점수가 10 포인트 증가한다.
- 게임에서 괴물을 맞출 때마다 폭발 사운드가 출력된다.
- 인터넷 뱅킹에서 공인인증서 암호가 맞으면 로그인 한다.
- 신호등 색이 빨간색이면 멈추고, 파란색이면 건넌다.
- 현관문 비밀번호가 맞으면 문이 열린다.
- 알람시간이 되면 알람음이 울린다.
- 자격증 필기시험은 60점 이상이면 합격이다.
- 결석 4번 이상이면 재수강을 해야 한다.
- 이수학점이 120점 이상이고, 졸업논문이 패스인 경우에 졸업할 수 있다.

파이썬에는 다양한 형태의 선택문 종류가 있다. 선택문 종류에는 `if`, `if~else`, `if~elif`, `if~elif~else`, `if~in~else` 등이 있다. 먼저 선택문 규칙에 대하여 살펴보자.

선택문 규칙

1. `if` 문의 조건식들은 논리 연산이 가능한 문장으로 참(True), 거짓(False) 판별이 가능하도록 작성해야 한다.
2. `if` 문의 조건식 끝에는 항상 콜론(:)이 있어야 한다.
3. 실행 명령문은 반드시 공백(스페이스바 또는 Tab)으로 들여쓰기(indent)를 하여 `if` 문에 포함되는(종속) 문장으로 작성해야 한다.

if / if~else

하나의 조건식을 확인하는 경우 가장 기본적인 `if` / `if~else` 문으로 선택문을 작성할 수 있다. `if` / `if~else` 문의 구조를 살펴보면 다음과 같다.

if 문의 조건식 결과가 참(True)이면 명령문1, … 을 실행하고, 조건식 결과가 거짓(False)이면 명령문1, … 을 건너뛰고 if 문 다음 명령문을 실행한다.

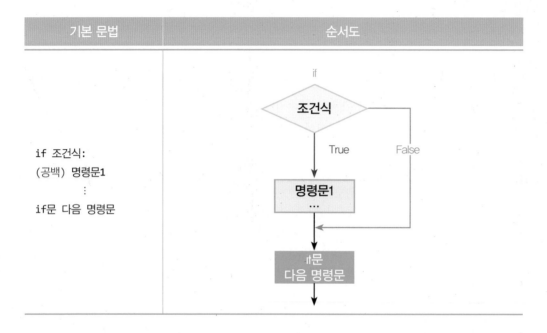

기본 문법	순서도
if 조건식: (공백) 명령문1 ⋮ if문 다음 명령문	

if 문의 조건식 결과가 참(True)이면 명령문1, … 을 실행하고 if 문 다음 명령문을 실행한다. if 문의 조건식 결과가 거짓(False)이면 명령문2, … 을 실행하고 if 문 다음 명령문을 실행한다.

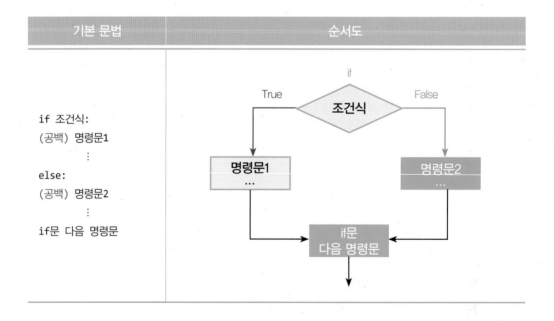

기본 문법	순서도

if 조건식:
(공백) 명령문1
⋮
else:
(공백) 명령문2
⋮
if문 다음 명령문	

다음은 'y'를 입력하면 if 문의 member=='y' 조건식을 만족하기 때문에 '회원님 반갑습니다.' 라는 문장을 출력하고, 그 외의 다른 값을 입력하면 member=='y' 조건식을 만족하지 않기 때문에 아무것도 실행되지 않는다.

---

if 문을 활용하여 회원이면 인사말 출력

```
1    check = input('회원이십니까?(y/n) ')
2    if check == 'y':
3        print('회원님 반갑습니다.')
```

[실행결과]	[실행결과]
회원이십니까?(y/n) y 회원님 반갑습니다.	회원이십니까?(y/n) n

다음은 'y'를 입력하면 if 문의 member=='y' 조건식을 만족하기 때문에 '회원님 반갑습니다.' 라는 문장을 출력하고, 그 외의 다른 값을 입력하면 조건식을 만족하지 않기 때문에 else 문의 '회원가입을 해주세요.' 라는 문장을 출력한다.

---

if~else 문을 활용하여 회원여부에 따라 다른 인사말 출력

```
1    check = input('회원이십니까?(y/n) ')
2    if check == 'y':
3        print('회원님 반갑습니다.')
4    else:
5        print('회원가입을 해주세요.')
```

[실행결과]	[실행결과]
회원이십니까?(y/n) y 회원님 반갑습니다.	회원이십니까?(y/n) n 회원가입을 해주세요.

---

if~elif / if~elif~else

조건식이 여러 개인 경우 조건식에 따라 각각의 처리를 수행하도록 선택문을 작성할 수 있다. 선택문의 if~elif / if~elif~else 문을 살펴보면 다음과 같다.

if 문의 조건식1 결과가 참(True)이면 명령문1, … 을 실행하고, 거짓(False)이면 조건식2를 확인하여 결과가 참(True)이면 명령문2, … 을 실행하고, 거짓(False)이면 건너뛰고 if 문 다음 명령문을 실행한다.

기본 문법	순서도

if 조건식1:
(공백) 명령문1
⋮
elif 조건식2:
(공백) 명령문2
⋮
if문 다음 명령문
	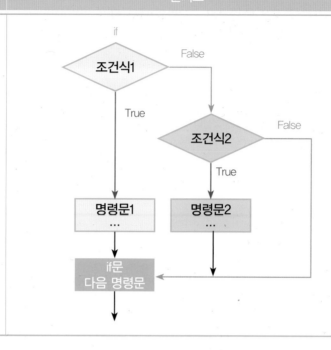

if 문의 조건식1 결과가 참(True)이면 명령문1, … 을 실행하고, 거짓(False)이면 조건식2를 확인하여 결과가 참(True)이면 명령문2, … 을 실행하고, 거짓(False)이면 명령문3, … 을 실행한 뒤, if 문 다음 명령문을 실행한다.

기본 문법	순서도

if 조건식1:
(공백) 명령문1
⋮
elif 조건식2:
(공백) 명령문2
⋮
else:
(공백) 명령문3
⋮
if문 다음 명령문
	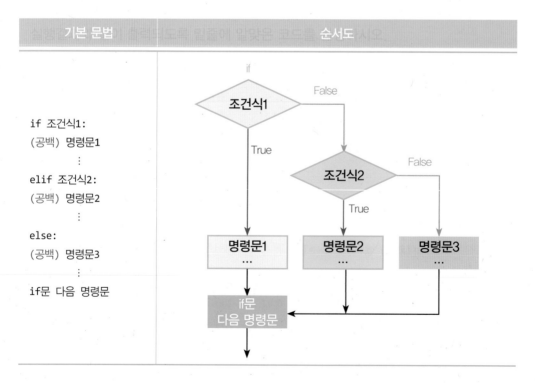

다음은 if 문의 첫 번째 조건식 0<age<8을 만족하면 '입장료 무료' 문장을 출력하고, 조건식을 만족하지 않으면 elif 문의 8<=age<60이라는 두 번째 조건식을 확인한다. 두 번째 조건식에 만족하면 '입장료: 25000원' 문장을 출력하고, 조건식을 만족하지 않으면 그 다음 elif 문의 세 번째 조건식 age>=60을 확인한다. 세 번째 조건식에 만족하면 '입장료는 12500.0원' 문장을 출력하고, 조건식을 만족하지 않으면 종료한다.

입력받은 나이에 따라 놀이동산 입장료 출력

```
1    age = int(input('나이 입력: '))
2    fee = 25000
3    if 0 < age < 8 :
4        print('입장료 무료')
5    elif 8 <= age < 60 :
6        print(f'입장료: {fee}원')
7    elif age >= 60 :
8        print(f'입장료: {fee*0.5}원')
```

[실행결과]	[실행결과]	[실행결과]
나이 입력: 20	나이 입력: 7	나이 입력: 0
입장료: 25000원	입장료 무료	

위와 같이 실행하면 0 이하의 나이를 입력할 때 if 문, elif 문 중에서 맞는 조건식이 없기 때문에 아무것도 실행되지 않고 종료된다. 모든 조건식에 만족하지 않을 때의 처리를 위해서 다음과 같이 else 문을 이용하면 안정적으로 실행된다.

입력받은 나이에 따라 놀이동산 입장료 출력 (오류 메시지 출력)

```
1     age = int(input('나이 입력: '))
2     fee = 25000
3     if 0 < age < 8 :
4         print('입장료 무료')
5     elif 8 <= age < 60 :
6         print(f'입장료: {fee}원')
7     elif age >= 60 :
8         print(f'입장료: {fee*0.5}원')
9     else :
10        print('나이 입력 오류')
```

[실행결과]	[실행결과]	[실행결과]
나이 입력: 22	나이 입력: 65	나이 입력: 0
입장료: 25000원	입장료: 12500.0원	나이 입력 오류

if~in~elif / if~in~elif~else

선택문의 조건식을 표현할 때 관계 연산자와 논리 연산자를 이용한 조건식 외에도 in 연산자를 이용하여 조건식을 표현할 수 있다. in 연산자를 이용한 if~in~elif / if~in~elif~else 문의 구조를 살펴보면 다음과 같다.

if 문의 '값1' in '자료1' 조건식에 따라 '값1'이 '자료1'에 있으면 결과가 참(True)이 되어 명령문1, … 을 실행하고, '값1'이 없으면 결과가 거짓(False)이 되어 두 번째 조건식 '값2' in '자료2'를 확인한다. '값2'가 '자료2'에 있으면 결과가 참(True)이 되어 명령문2, … 을 실행하고, '값2'가 없으면 건너뛰고 if 문 다음 명령문을 실행한다.

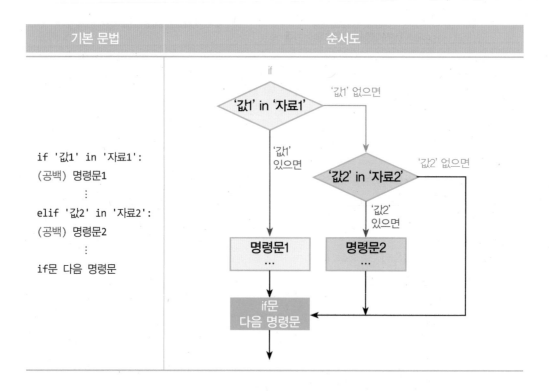

기본 문법	순서도

if '값1' in '자료1':
(공백) 명령문1
⋮
elif '값2' in '자료2':
(공백) 명령문2
⋮
if문 다음 명령문	

if 문의 '값1' in '자료1' 조건식에 따라 '값1'이 '자료1'에 있으면 결과가 참(True)이 되어 명령문1, … 을 실행하고, '값1'이 없으면 결과가 거짓(False)이 되어 두 번째 조건식 '값2' in '자료2'를 확인한다. '값2'가 '자료2'에 있으면 결과가 참(True)이 되어 명령문2, …

을 실행하고, '값2'가 없으면 명령문3, ⋯ 을 실행한 뒤, if 문 다음 명령문을 실행한다.

기본 문법	순서도

if '값1' in '자료1':
(공백) 명령문1
⋮
elif '값2' in '자료2':
(공백) 명령문2
⋮
else:
(공백) 명령문3
⋮
if문 다음 명령문
	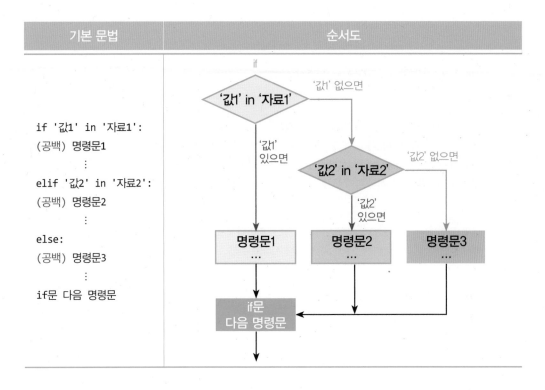

다음은 if 문 조건식에 따라 입력받은 item 변수 값이 bag 리스트에 있으면 '가방 안에 있음' 문장을 출력하고, 없으면 else 문의 '가방 안에 없음' 문장을 출력한다.

가방 속 물건 확인

```
1   bag = ['스마트폰', '티머니', '현금']
2   item = input('가방 속 물건 확인: ')
3
4   if item in bag:
5       print('가방 안에 있음')
6   else:
7       print('가방 안에 없음')
```

[실행결과] 가방 속 물건 확인: 티머니 가방 안에 있음	[실행결과] 가방 속 물건 확인: 신용카드 가방 안에 없음

다음은 if 문 조건식에 따라 입력받은 method 변수 값이 bag 리스트에 있고 '현금'이면 '택시 추천' 문장을 출력한다. if 문 조건식에 만족하지 않으면 elif 조건식에 따라

method 변수 값이 bag 리스트에 있고 '티머니'이면 '버스나 지하철 추천' 문장을 출력한다.

결제 수단에 따라 다른 교통수단 출력

```
1    bag = ['스마트폰', '티머니', '현금']
2    method = input('결제 수단: ')
3
4    if method in bag and method == '현금':
5        print('택시 추천')
6    elif method in bag and method == '티머니':
7        print('버스나 지하철 추천')
```

[실행결과]	[실행결과]	[실행결과]
결제 수단: 현금	결제 수단: 티머니	결제 수단: 가상화폐
택시 추천	버스나 지하철 추천	

위와 같이 실행하면 bag 리스트에 없는 값을 입력할 때 if 문, elif 문 중에서 맞는 조건
식이 없기 때문에 아무것도 실행되지 않고 종료된다. 모든 조건식에 만족하지 않을 때의 처
리를 위해서 다음과 같이 else 문을 이용하면 안정적으로 실행된다.

결제 수단에 따라 다른 교통수단 출력 (오류 메시지 출력)

```
1    bag = ['스마트폰', '티머니', '현금']
2    method = input('결제 수단: ')
3
4    if method in bag and method == '현금':
5        print('택시 추천')
6    elif method in bag and method == '티머니':
7        print('버스나 지하철 추천')
8    else:
9        print('도보 추천')
```

[실행결과]	[실행결과]	[실행결과]
결제 수단: 현금	결제 수단: 티머니	결제 수단: 가상화폐
택시 추천	버스나 지하철 추천	도보 추천

딕셔너리는 키를 통해 값에 접근하는데, get() 함수를 이용하면 없는 키로 접근하더라도
오류를 발생시키지 않는다. in 연산자를 이용하면 get() 함수와 같이 동작시킬 수 있다.
다음 if 문 조건식 'name in menu'은 'name in menu.keys()'와 같은 의미이다. 즉,
딕셔너리의 키들 중에 name 변수 값이 있는지 확인하는 것이다.

```
1    menu = {'후라이드':20000, '양념':22000, '불닭':25000}
2    name = input('메뉴 입력: ')
3    if name in menu:
4        print(f'{name} 가격: {menu[name]}원')
```

[실행결과]
메뉴 입력: 후라이드
후라이드 가격: 20000원

[실행결과]
메뉴 입력: 간장

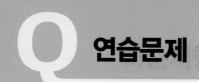

연습문제

문제 1

다음 조건에 알맞은 조건식을 작성하시오.

학년이 1학년이고 평균 취득학점이 4.3 이상인 조건식
(학년 year, 평균 취득학점 score 변수에 저장)

[실행결과]

주소가 서울이거나 경기도인 조건식 (주소 addr 변수에 저장)

[실행결과]

토익점수가 800점 이상이거나 컴퓨팅 과목이 A학점인 조건식
(토익점수 toeic, 컴퓨팅은 computing 변수에 저장)

[실행결과]

문제 2

정수를 입력받아 짝수 및 홀수를 판별하여 출력하는 프로그램을 작성하시오.

[실행결과]	[실행결과]
정수 입력: 55	정수 입력: 88
55는 홀수	88은 짝수

문제 3

입력받은 정수가 양수, 음수, 0인지 판별하여 출력하는 프로그램을 작성하시오.

[실행결과]	[실행결과]	[실행결과]
정수 입력: 55	정수 입력: -15	정수 입력: 0
55는 양수	-15는 음수	0은 0

문제 4

아이디와 패스워드를 입력받아 로그인 인증 결과를 출력하는 프로그램을 작성하시오.
- 아이디(admin), 패스워드(pw4321) 둘 다 맞으면 로그인 성공 메시지를 출력하고, 둘 중의 하나 이상 틀리면 오류 메시지 출력

[실행결과]	[실행결과]
아이디 입력: admin	아이디 입력: admin
비밀번호 입력: 4321	비밀번호 입력: pw4321
아이디나 비밀번호가 틀려 로그인 실패	로그인 성공

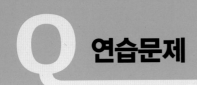

문제 5

현재 온도를 입력받아 온도가 25도 이상이면 '반바지 추천', 25도 미만이면 '긴바지 추천'을 출력하는 프로그램을 작성하시오.

[실행결과]	[실행결과]
현재 온도: 27 반바지 추천	현재 온도: 13 긴바지 추천

문제 6

1차, 2차 점수를 입력받아 모두 80점 이상이면 합격, 그렇지 않으면 불합격을 출력하는 프로그램을 작성하시오.

[실행결과]	[실행결과]
1차 점수 입력: 80 2차 점수 입력: 95 합격	1차 점수 입력: 70 2차 점수 입력: 100 불합격

문제 7

주당 근무시간과 시간당 급여를 입력받는다. 주당 근무시간이 40시간을 넘으면 초과 근무시간은 시간당 급여의 1.5배를 지급한다. 이번 주에 받는 총 급여를 계산하는 프로그램을 작성하시오.

[실행결과]	[실행결과]
주당 근무시간: 50	주당 근무시간: 40
시간당 급여: 9000	시간당 급여: 9000
급여: 495000.0	급여: 360000.0

문제 8

인터넷 쇼핑몰에서 물건을 구입할 때 구입액이 10만 원 이상이면 5%를 할인 해준다. 총 구입금액을 입력받아 할인 금액과 지불 금액을 출력하는 프로그램을 작성하시오.

[실행결과]	[실행결과]
구입 금액: 120000	구입 금액: 70000
할인 금액: 6000.0	할인 금액: 0
지불 금액: 114000.0	지불 금액: 70000

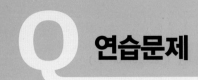
문제 9

점수를 입력받아 학점을 출력한다.
- 90이상: A, 80이상~90미만: B, 70이상~80미만: C, 60이상~70미만: D, 60미만: F

[실행결과]	[실행결과]	[실행결과]
점수 입력: 95	점수 입력: 88	점수 입력: 56
95점은 A학점	88점은 B학점	56점은 F학점

'없는 분류'

■ .get() 함수 : 키를 통해 값을 추출하는 함수로 딕셔너리[키]와 같은 기능을 수행하지만, 키가 존재하지 않아도 KeyError를 발생시키지 않는다는 점과 존재하지 않는 경우 오류 메시지를 지정할 수 있다.

앞서 살펴보았던 딕셔너리 채하함수들을 정리하면 다음과 같다. 다음 제어함수들 중에서

약 딕셔너리의 값을 추출하여 리스트나 튜플로 (들려면 values() 함수를 이용하여 값만 추출한 후에 list() 함수나 tuple() 함수를 이용하여 리스트나 튜플로 만들면 된다.

get()	키를 모으를 입력하여 반환	딕셔너리.get(키)
keys()	딕셔너리의 모든 키 반환	딕셔너리.keys()
values()	딕셔너리의 모든 값 반환	딕셔너리.values()

09

선택구조와
문제해결(2)

학습목표

- 선택문과 리스트를 활용하여 문제를 해결할 수 있다.

- 선택문과 딕셔너리를 활용하여 문제를 해결할 수 있다.

- 중첩 선택문 구조와 특징을 이해하고, 필요성에 대하여 설명할
  수 있다.

- 중첩 선택문을 활용하여 세부 조건을 확인해야 하는 문제를 해결할
  수 있다.

- 다양한 형태의 선택문을 문제에 따라 다채롭게 활용할 수 있다.

학습목차

9.1 선택문과 자료구조 활용

앞서 선택문의 **in** 연산자를 이용하여 리스트와 딕셔너리에 활용해 본 바 있다. 이번에는 보다 다양한 문제에 선택문과 자료구조를 활용해 보기로 한다.

선택문과 리스트 활용

파이썬에서 제공하는 터틀 그래픽을 이용하면 다양한 도형을 그릴 수 있다. 터틀 그래픽을 이용하여 원을 그려보자. 단, 터틀 그래픽은 코랩에서 동작하지 않기 때문에 파이썬 IDLE 에서 작성한다.

먼저 터틀 그래픽 라이브러리를 임포트(import)하고, 리스트에 색상 자료를 저장한다. 입력받은 색상이 리스트에 있는 색상이면 해당 색상으로 원을 그리고, 없는 색상이면 기본색 (검정)으로 원을 그린다.

리스트에 있는 색상으로 원 그리기

```
1   import turtle as t
2   color = ['red', 'green', 'blue']
3   user = input('색상 입력: ')
4
5   t.pensize(10)
6   if user in color:
7       t.color(user)
8       t.circle(100)
9   else:
10      t.circle(100)
```

[실행결과]

색상 입력: blue

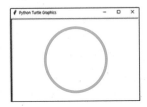

[실행결과]

색상 입력: pink

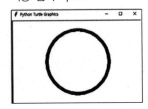

*실행결과의 원본 그림(컬러)은 '인피니티북스' 출판사 홈페이지에서 다운로드 할 수 있습니다.

- .pensize() : 도형 선 두께 지정
- .color() : 도형 선 색상 지정
- .circle() : 지정한 반지름의 원 그리기

선택문과 딕셔너리 활용

딕셔너리에 메뉴를 저장한다. 입력받은 메뉴가 딕셔너리에 있는 메뉴이면 해당 메뉴의 가격을 출력하고, 없는 메뉴이면 없는 메뉴라는 메시지를 출력한다.

딕셔너리에 있는 메뉴 가격 출력

```
1    menu = {'짜장면':5000, '돈까스':10000, '피자':15000, '족발':25000}
2    name = input('메뉴 입력: ')
3    if name in menu:
4        print(f'{name} 가격: {menu[name]}원')
5    else:
6        print(f'{name}는 없는 메뉴입니다.')
```

[실행결과]	[실행결과]
메뉴 입력: 짜장면	메뉴 입력: 치킨
짜장면 가격: 5000원	치킨은 없는 메뉴입니다.

먼저 터틀 그래픽 라이브러리를 임포트하고 딕셔너리에 색상을 키로, 반지름을 값으로 구성하여 저장한다. 입력받은 색상이 딕셔너리에 있는 색상이면 색상 키를 통해 반지름 값을 가져와 원을 그리고, 없는 색상이면 기본색(검정)의 반지름이 100인 원을 그린다.

딕셔너리에 있는 색상과 반지름으로 원 그리기

```
1    import turtle as t
2    color = {'red':50, 'green':100, 'blue':150}
3    user = input('색상 입력: ')
4
5    t.pensize(10)
6    if user in color:
7        t.color(user)
8        t.circle(color[user])
9    else:
10       t.circle(100)
```

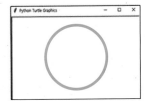

*실행결과의 원본 그림(컬러)은 '인피니티북스' 출판사 홈페이지에서 다운로드 할 수 있습니다.

9.2 중첩 선택문

주어진 문제가 조건이 복잡할 때 문제의 조건을 분해한 후 선택문을 중첩하여 표현하면 조건에 따른 세부 결과를 확인할 수 있다. 중첩 선택문이란 if 문 안에 또 다른 if 문을 중첩하여 표현하는 것을 의미한다.

먼저 중첩 선택문의 구조와 특징에 대하여 살펴보고, 중첩 선택문이 필요한 이유에 대하여 알아보자.

중첩 선택문 구조와 특징

중첩 선택문은 if 문의 조건식이 참(True)인 경우 또 다른 if 문을 중첩하여 표현할 수 있고, if 문의 조건식이 거짓(False)인 경우 또 다른 if 문을 중첩하여 표현할 수 있다.

다음은 if 문의 조건식이 참(True)인 경우 또 다른 if 문을 중첩하여 표현한 경우이다.

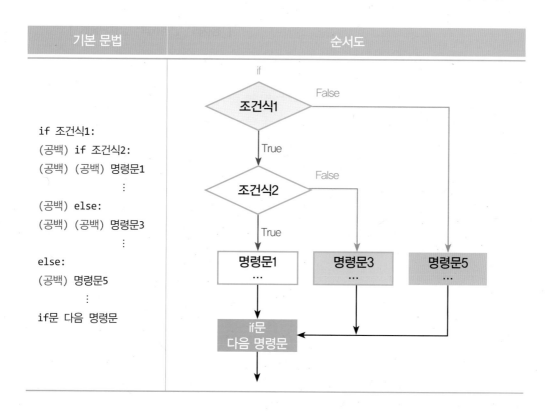

기본 문법	순서도

if 조건식1:
(공백) if 조건식2:
(공백) (공백) 명령문1
⋮
(공백) else:
(공백) (공백) 명령문3
⋮
else:
(공백) 명령문5
⋮
if문 다음 명령문	

다음은 **if** 문의 조건식이 거짓(False)인 경우 **else** 문 안에 또 다른 **if** 문을 중첩하여 표현한 경우이다.

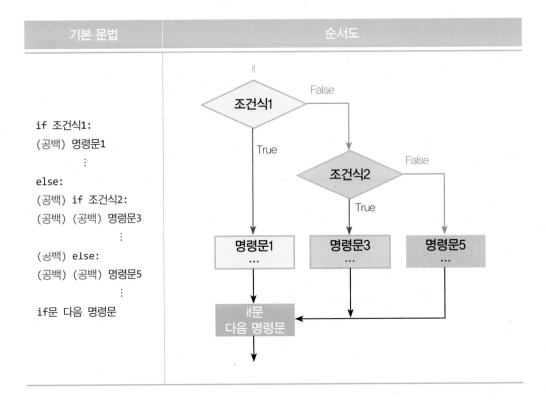

기본 문법	순서도

if 조건식1:
(공백) 명령문1
⋮
else:
(공백) if 조건식2:
(공백) (공백) 명령문3
⋮
(공백) else:
(공백) (공백) 명령문5
⋮
if문 다음 명령문	

중첩 선택문과 **if~elif~else** 문은 여러 조건에 따라 다른 처리들을 표현할 수 있다는 공통점이 있다. 그러나 중첩 선택문과 **if~elif~else** 문은 다음과 같은 차이점이 있다.

구분	중첩 선택문	if~elif~else 문
장점	조건을 분해하여 조건에 따른 세부 결과를 확인할 수 있다.	구조가 간단하여 가독력이 높다.
단점	구조가 복잡하여 가독력이 떨어진다.	세부 조건을 표현하는 것이 효율적이지 않다.

다음은 아이디와 비밀번호를 입력받아 **if~elif~else** 문으로 판단하여 모두 맞으면 로그인 성공, 둘 중 하나가 틀리면 무엇이 틀렸는지 출력한다.

```
1    id1 = input('아이디: ')
2    pw2 = input('비밀번호: ')
3
4    if id1=='admin' and pw2=='a4321':
5        print('로그인 성공')
6    elif id1=='admin' and pw2!='a4321':
7        print('비밀번호 오류')
8    elif id1!='admin' and pw2=='a4321':
9        print('아이디 오류')
10   else:
11       print('아이디와 비밀번호 모두 오류')
```

[실행결과]	[실행결과]	[실행결과]
아이디: admin	아이디: admin	아이디: test
비밀번호: a4321	비밀번호: a1234	비밀번호: a4321
로그인 성공	비밀번호 오류	아이디 오류

위와 같이 **if~elif~else** 문을 이용하여 로그인을 판단하게 되면 ① 아이디와 비밀번호 모두 맞았을 때, ② 아이디는 맞는데 비밀번호는 틀렸을 때, ③ 아이디는 틀렸는데 비밀번호는 맞았을 때, ④ 모두 틀렸을 때를 조건식으로 모두 표현해야 한다. 확인해야 할 세부 조건이 많다면 표현해야 할 조건식이 상당히 많아질 것이다. 즉, **if~elif~else** 문으로 세부 조건을 표현하는 것은 효율적이지 않다는 것을 알 수 있다.

위의 문제를 중첩 선택문을 이용하여 표현해 보자. 선택문을 중첩해서 표현했기 때문에 들여쓰기 구조가 복잡해졌다. 하지만 모든 경우의 세부 조건식을 표현하지 않아도 된다는 것을 확인할 수 있다. 먼저 아이디만 입력받아 맞는 아이디라면 비밀번호를 입력받아 맞는 비밀번호인지 확인한다. 즉, 세부 조건 표현이 훨씬 효율적임을 알 수 있다.

```
1    id1 = input('아이디: ')
2
3    if id1=='admin':
4        pw2 = input('비밀번호: ')
5        if pw2=='a4321':
6            print('로그인 성공')
7        else:
```

```
8          print('비밀번호 오류')
9      else:
10         print('아이디 오류')
```

[실행결과]	[실행결과]	[실행결과]
아이디: admin	아이디: admin	아이디: test
비밀번호: a4321	비밀번호: a1234	아이디 오류
로그인 성공	비밀번호 오류	

중첩 선택문과 **if~elif~else** 문은 서로 다른 특징을 가지기 때문에 주어진 문제해결 상황에 따라 알맞게 선택하여 사용한다.

중첩 선택문 활용

다양한 문제들을 중첩 선택문을 활용하여 해결해 보자. 다음은 중첩 선택문으로 요일과 차종의 세부 조건을 표현했고, 조건에 따라 다른 주차요금 안내 메시지를 출력하고 있다.

중첩 선택문을 이용한 요일과 차종에 따른 주차요금 안내

```
1    day = int(input('1.월~금 2.토요일 3.공휴일 (요일 선택) '))
2    if day==1:
3        print('<주차요금 발생>')
4        type = int(input('1.경차 2.일반차 (차종 선택) '))
5
6        if type==1:
7            print('주차요금 50% 할인')
8        else:
9            print('주차요금 전액 지불')
10   else:
11       print('토요일과 공휴일은 주차요금 무료')
```

[실행결과]
1.월~금 2.토요일 3.공휴일 (요일 선택) 1
<주차 요금 발생>
1.경차 2.일반차 (차종 선택) 1
주차 요금 50% 할인

[실행결과]
1.월~금 2.토요일 3.공휴일 (요일 선택) 1
<주차 요금 발생>

1.경차 2.일반차 (차종 선택) 2
주차 요금 전액 지불

1.월~금 2.토요일 3.공휴일 (요일 선택) 2
토요일과 공휴일은 주차 요금 무료

다음은 중첩 선택문으로 작성한 가위바위보 게임이다. 마지막 if~in~else 문을 이용하여 대결 결과를 출력한다. random 라이브러리를 임포트하여 random.choice(rps) 문장으로 rps 리스트 중에서 하나의 값을 임의로 선택하였다.

중첩 선택문을 이용한 가위바위보 게임

```
1   import random
2   rps = ['가위','바위','보']
3   com = random.choice(rps)
4   player = input('가위, 바위, 보 중에서 하나 입력: ')
5   if player == '가위' :
6       if com == '가위':
7           result = '비김'
8       elif com == '바위':
9           result = '졌음'
10      elif com == '보':
11          result = '이김'
12  elif player == '바위' :
13      if com == '가위':
14          result = '이김'
15      elif com == '바위':
16          result = '비김'
17      elif com == '보':
18          result = '졌음'
19  elif player == '보' :
20      if com == '가위':
21          result = '졌음'
22      elif com == '바위':
23          result = '이김'
24      elif com == '보':
25          result = '비김'
26
27  if player in rps:
28      print(f'나:{player}, 컴퓨터:{com} ⇒ {result}')
```

```
29    else:
30        print('잘못 입력하셨습니다. 다시 입력하세요.')
```

[실행결과]
가위, 바위, 보 중에서 하나 입력: 가위
나:가위, 컴퓨터:보 ⇒ 이김

[실행결과]
가위, 바위, 보 중에서 하나 입력: 바위
나:바위, 컴퓨터:보 ⇒ 졌음

다음은 중첩 선택문과 딕서너리를 활용한 항공권 일리버드 할인 서비스 프로그램이다. 딕
셔너리에 항공권 정보를 저장한다. 출국 전까지 남은 기간이 30일 이상이면 20% 할인, 15
일 이상 30일 미만이면 10%를 할인한다.

중첩 선택문과 딕셔너리를 활용한 항공권 얼리버드 할인 서비스

```
1     ticket = {'체코':70, '프랑스':80, '이탈리아':80, '스위스':90}
2     country = input('여행 국가:')
3     if country in ticket:
4         day = int(input('출국 전까지 남은 기간: '))
5         if day>=30:
6             discount=ticket[country]*0.2
7         elif day>=15:
8             discount=ticket[country]*0.1
9         else:
10            discount=0
11        pay = ticket[country]-discount
12        print()
13        print(f'총 금액: {ticket[country]}만원')
14        print(f'할인 금액: {discount}만원')
15        print(f'최종 결제 금액: {pay}만원')
16    else:
17        print(f'{country} 항공권은 없습니다.')
```

[실행결과]
여행 국가:체코
출국 전까지 남은 기간: 30

총 금액: 70만원
할인 금액: 14.0만원
최종 결제 금액: 56.0만원

[실행결과]
여행 국가:미국
미국 항공권은 없습니다.

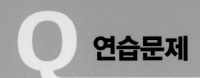

문제 1

테마파크의 바이킹은 키가 120cm 이상, 몸무게 40kg 이상의 제한 조건이 있다. 키와 몸무게를 입력받아 바이킹 탑승 가능 여부를 출력하는 프로그램을 작성하시오.

[실행결과]	[실행결과]
키 입력: 175	키 입력: 100
몸무게 입력: 65	몸무게 입력: 30
바이킹 탑승 가능	바이킹 탑승 불가능

문제 2

테마파크 입장료는 8세 이상 60세 미만일 경우 유료, 그렇지 않을 경우 무료 메시지를 출력하는 프로그램을 작성하시오.

[실행결과]	[실행결과]
나이 입력: 20	나이 입력: 65
입장료 전액 지불	입장료 무료

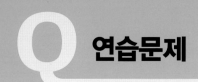
문제 3

월을 입력받아 계절을 출력하는 프로그램을 작성하시오.
- 3~5월은 봄, 6~8월은 여름, 9~11월은 가을, 12~2월은 겨울

[실행결과]	[실행결과]
월 입력: 11	월 입력: 4
11월은 가을	4월은 봄

문제 4

키와 몸무게를 입력받아 BMI 지수를 계산한 후 비만 상태를 출력하는 프로그램을 작성하시오.
- BMI 지수 : 18 미만 저체중, 18~23 미만 정상, 23~25 미만 과체중, 25 이상 비만
- BMI 공식 : 몸무게 / ((키/100) * (키/100))

[실행결과]	[실행결과]
키 입력: 185	키 입력: 163
몸무게 입력: 73	몸무게 입력: 75
BMI: 21.33 ⇒ 정상	BMI: 28.23 ⇒ 비만

문제 5

백화점 의류 매장에서 티셔츠(15000원)와 청바지(25000원)를 할인행사 중이다. 10만 원 이하 구매시 5% 할인, 10만 원 초과 구매시 15% 할인을 해준다. 수량을 입력받아 총 금액, 할인 금액, 최종 결제 금액을 계산하여 출력하는 프로그램을 작성하시오.

[실행결과]
티셔츠 수량: 5
청바지 수량: 5

총 금액 : 200000원
할인 금액 : 30000.0원
최종 결제 금액 : 170000.0원

[실행결과]
티셔츠 수량: 2
청바지 수량: 2

총 금액 : 80000원
할인 금액 : 4000.0원
최종 결제 금액 : 76000.0원

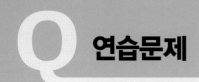

문제 6

입력받은 배송거리에 따라 배송료를 출력하는 프로그램을 작성하시오.

- 50km 미만 3500원, 50km~100km 미만 4000원, 100km~300km 미만 4500원
- 300km~500km 미만 5000원, 500km 이상 6000원
- 5km 미만은 서비스하지 않음

[실행결과]
  배송거리 입력: 1000
  배송료: 6000원

[실행결과]
  배송거리 입력: 150
  배송료: 4500원

[실행결과]
  배송거리 입력: 3
  배송 불가

문제 7

연도와 월을 입력받아 해당 연도 월의 일수를 출력하는 프로그램을 작성하시오.

- 2월은 윤년 여부에 따라 28일 또는 29일

- 윤년 계산 공식 : 연도%4==0 and 연도%100!=0 or 연도%400==0

[실행결과]

연도 입력: 2024

월 입력: 2

2024년 2월은 29일까지

[실행결과]

연도 입력: 2025

월 입력: 8

2025년 8월은 31일까지

[실행결과]

연도 입력: 2002

월 입력: 4

2002년 4월은 30일까지

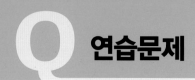

연습문제

문제 8

두 수를 입력받고, 사칙 연산자 중에 하나를 입력받아 연산 결과를 출력하는 프로그램을 작성하시오.

[실행결과]
수1 입력: 25
수2 입력: 35
사칙 연산 중에서 원하는 연산 기호 입력 (+ − * /) : +
25 + 35 = 60

[실행결과]
수1 입력: 40
수2 입력: 20
사칙 연산 중에서 원하는 연산 기호 입력 (+ − * /) : /
40 / 20 = 2.0

문제 9

중첩 선택문과 딕셔너리를 활용하여 다음과 같이 실행되는 프로그램을 작성하시오.
(단, 메뉴와 가격은 자유롭게 구성)

[실행결과]
메뉴: {'양장피': 24000, '유산슬': 28000, '고추잡채': 35000, '팔보채': 30000}

주문하실 메뉴: 팔보채
주문 수량 입력: 1
인원수 입력: 2
총 금액: 30000원, 인당: 15000.0원

[실행결과]
메뉴: {'양장피': 24000, '유산슬': 28000, '고추잡채': 35000, '팔보채': 30000}

주문하실 메뉴: 탕수육
주문 불가 메뉴

Computing based Problem Solving

Computing based Problem Solving

Computing based Problem Solving

10

반복구조와
문제해결(1)

Computing based Problem Solving

학습목표

- 반복문 구조에 대하여 이해하고 설명할 수 있다.

- 반복문 종류인 while 문과 for 문의 구조를 이해하고 주어진 문제를 해결하는 데 알맞은 반복문을 선택하여 사용할 수 있다.

- 기타 제어문 종류를 알고 종류별 구조를 이해하여 상황에 맞게 사용할 수 있다.

10.1 반복문 개요

반복문은 특정 문장을 여러 번 반복하여 실행하는 반복적 구조이다. 반복문은 조건
식이 만족하는 동안 또는 정해진 횟수 동안 여러 번 반복하여 실행하는 제어문이다.
좋아하는 노래를 반복 재생하거나 동영상을 재생한 후 다시 처음으로 돌아가는 경
우가 모두 반복 실행의 예이다. 이러한 반복문에 대한 개념과 필요성에 대하여 알아
보고, 반복문 종류인 while 문, for 문, 기타 제어문인 break 문, continue 문에
대하여 학습한다.

반복문을 본격적으로 학습하기 전에, 반복문 개념과 필요성에 대하여 먼저 알아보자.

반복문 이해

반복문은 반복적인 처리를 쉽고 빠르게 처리할 때 사용한다. 다음은 반복문을 사용하지 않
고 5명 학생에게 인사말을 출력하는 프로그램이다.

5명 학생에게 인사말 출력	
1 print('A님 반갑습니다.')	[실행결과]
2 print('B님 반갑습니다.')	A님 반갑습니다.
3 print('C님 반갑습니다.')	B님 반갑습니다.
4 print('D님 반갑습니다.')	C님 반갑습니다.
5 print('E님 반갑습니다.')	D님 반갑습니다.
	E님 반갑습니다.

다음은 반복문을 사용하지 않고 1000명 학생에게 환영 인사말을 출력하는 프로그램이다.
1000명 학생 모두에게 환영 인사말을 출력하려면 1000번의 환영 인사말 출력 문장을 작성
해야 한다.

```
1    print('JB 캐슬에 오신 것을 환영합니다.')
2    print('JB 캐슬에 오신 것을 환영합니다.')
            ⋮
500  print('JB 캐슬에 오신 것을 환영합니다.')
            ⋮
1000 print('JB 캐슬에 오신 것을 환영합니다.')
```

[실행결과]
JB 캐슬에 오신 것을 환영합니다.
JB 캐슬에 오신 것을 환영합니다.
            ⋮
JB 캐슬에 오신 것을 환영합니다.
            ⋮
JB 캐슬에 오신 것을 환영합니다.

하지만 다음과 같이 반복문을 사용하면 단 2줄로 1000명 학생 모두에게 환영 인사말을 출력할 수 있다.

반복문을 이용하여 1000명 학생에게 환영 인사말 출력

```
1    for i in range(1000):
2        print('JB 캐슬에 오신 것을 환영합니다.')
```

[실행결과]
JB 캐슬에 오신 것을 환영합니다.
JB 캐슬에 오신 것을 환영합니다.
            ⋮
JB 캐슬에 오신 것을 환영합니다.
            ⋮
JB 캐슬에 오신 것을 환영합니다.

반복문 종류

반복문 종류에는 while 문과 for 문이 있다. while 문은 조건식 결과가 참(True)인 동안 특정 문장을 반복 실행하다가 조건식이 거짓(False)이 되면 반복문을 종료한다. for 문은 정해진 횟수 동안 특정 문장을 반복하여 실행한다.

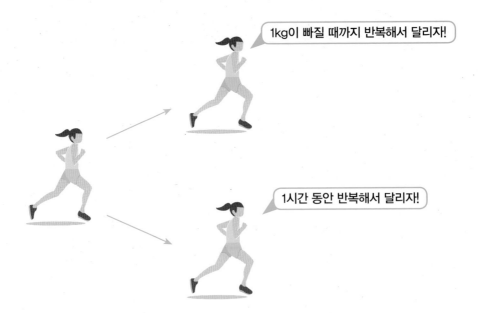

반복문 종류인 while 문과 for 문의 공통 규칙과 각각의 규칙을 정리하면 다음과 같다.

반복문 공통 규칙

1. for 문과 while 문의 조건식 끝에는 항상 콜론(:)이 있어야 한다.
2. 실행 명령문은 반드시 공백(스페이스바 또는 Tab)으로 들여쓰기(indent)를 하여 for 문과 while 문에 포함 되는(종속) 문장으로 작성해야 한다.

while 문 규칙	for 문 규칙
1. 선택문처럼 조건식 결과가 참(True) 또는 거짓 (False)인지에 따라 특정 문장을 반복 실행하거나 실행하지 않는 조건적 반복 실행 구조이다. 2. while 문의 조건식은 논리 연산이 가능한 문장 즉, 참(True) 거짓(False) 판별이 가능해야 한다.	1. 제어변수와 특정 범위의 자료를 활용하여 정해진 횟수 동안 반복 실행하는 구조이다. 2. 특정 범위는 range( ) 함수, 리스트, 딕셔너리, 문자열 등의 자료를 이용하여 지정한다.

10.2 while 문을 이용한 반복문

while 문은 선택문처럼 조건식 결과에 따라 실행 여부를 결정하는데, 조건식 결과가 참
(True)이면 실행하고, 거짓(False)이면 건너 띄는 과정을 한 번만 수행하는 선택문과는 달
리 while 문은 조건식 결과가 참(True)이면 종속된 특정 문장을 실행 후 다시 조건식을 확
인하여 결과가 참(True)인지 거짓(False)인지에 따라 반복 실행 여부를 결정한다. 이러한
과정은 조건식 결과가 거짓(False)일 때까지 반복 수행한다. 즉, 조건 확인과 실행을 여러
번 반복하는 조건적 반복 실행 구조이다.

while 문은 조건식 결과에 따라 반복 실행한다. 즉, 조건식 결과가 참(True)이면 명령문1,
… 을 반복 실행하고, 조건식 결과가 거짓(False)이면 while 문의 반복을 종료한다. while
문 반복 구조를 벗어난 뒤 while 문 다음 명령문이 있다면 실행한다. while 문의 기본 구
조를 살펴보면 다음과 같다.

기본 문법	순서도
while 조건식: 　(공백)　명령문1 　　　⋮ while문 다음 명령문	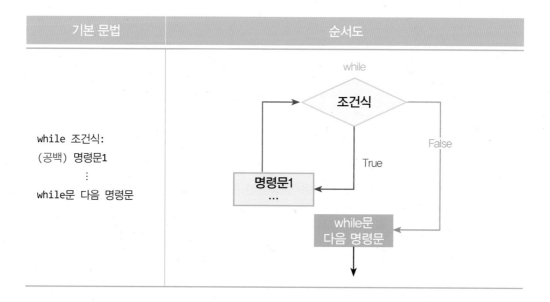

while 문을 이용하여 1부터 10까지 출력하려고 한다. 변수 num이 10보다 작거나 같을 때
까지 변수 num 값을 출력하고, 변수 num을 1 증가시키는 명령문을 반복 실행한다.

```
1    num = 1          # 초기값
2    while num<=10:    # 조건식
3        print(num, end=' ')
4        num = num+1   # 증감식
```

[실행결과]

1 2 3 4 5 6 7 8 9 10

while 문으로 10부터 1까지 출력하고 새해가 밝았다는 문장을 출력하려고 한다. 변수 num은 10으로 초기화 해놓고 1보다 크거나 같을 때까지 변수 num 값을 출력하고, 변수 num을 1 감소시키는 명령문을 반복 실행한다.

```
1    num = 10
2    while num>=1:
3        print(num)
4        num = num-1
5    print('새해가 밝았습니다.^^')
```

[실행결과]

10
9
8
7
6
5
4
3
2
1
새해가 밝았습니다.^^

while 문으로 속담을 출력하려고 한다. 변수 year는 0으로 초기화 해놓고 3보다 작을 때까지 변수 year를 1 증가시키고 변수 year 값을 출력하는 명령문을 반복 실행한다. while 문 반복 구조를 벗어난 뒤 while 문 다음 명령문인 속담을 출력한다.

```
1    year = 0
2    while year < 3 :
3        year += 1
4        print(f'서당개 {year}년')
5
6    print(f'서당개 {year}년이면 풍월을 읊습니다.')
```

서당개 1년
서당개 2년
서당개 3년
서당개 3년이면 풍월을 읊습니다.

while 문으로 반복문을 표현하는 것은 반복 횟수가 정해지지 않을 때 유용하다. 다음은 'y'를 입력하기 전까지 명령문을 반복 실행하는 구조이다. 다음을 실행할 때 몇 번 만에 'y'를 입력할지 모른다. 이런 경우 while 문으로 반복문을 작성하는 것이 좋다.

while 문으로 반복 횟수가 정해지지 않은 반복 출력

```
1    result = None
2    while result != 'y':
3        print('컴퓨팅 기반 문제해결 최고!')
4        result = input('계속하려면 아무키 입력:(종료:y) ')
```

[실행결과]
컴퓨팅 기반 문제해결 최고!
계속하려면 아무키 입력:(종료:y) hi
컴퓨팅 기반 문제해결 최고!
계속하려면 아무키 입력:(종료:y) yes
컴퓨팅 기반 문제해결 최고!
계속하려면 아무키 입력:(종료:y) y

while 문은 조건식 결과가 참(True)인 동안 반복 실행하다가 조건식 결과가 거짓(False)이 되면 while 문의 반복을 종료한다. 조건에 만족하지 않아 종료할 때 else 문으로 특정 명령문을 수행 후 종료할 수 있도록 지정할 수 있다. 다음은 while~else 문의 구조이다.

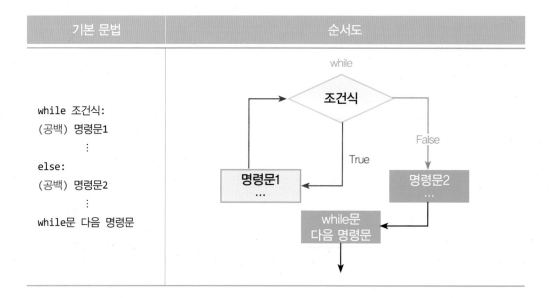

기본 문법	순서도

while 조건식:
(공백) 명령문1
⋮
else:
(공백) 명령문2
⋮
while문 다음 명령문	

나음은 앞서 살펴보있딘 예제를 **while~else** 문으로 표현하어 **whilc** 문 반복 구조를 벗어날 때 종료 메시지를 출력한다.

while~else 문으로 반복 종료할 때 메시지 출력

```
1    result = None
2    while result != 'y':
3        print('컴퓨팅 기반 문제해결 최고!')
4        result = input('계속하려면 아무키 입력:(종료:y) ')
5    else:
6        print('종료')
```

[실행결과]
컴퓨팅 기반 문제해결 최고!
계속하려면 아무키 입력:(종료:y) go
컴퓨팅 기반 문제해결 최고!
계속하려면 아무키 입력:(종료:y) hello
컴퓨팅 기반 문제해결 최고!
계속하려면 아무키 입력:(종료:y) y
종료

10.3 for 문을 이용한 반복문

for 문은 range() 함수, 리스트, 딕셔너리, 문자열 등을 이용하여 특정 범위를 지정하고, 특정 범위 안의 자료를 순차적으로 꺼내와 더 이상 꺼내올 자료가 없을 때까지 for 문을 반복 실행한다. for 문을 본격적으로 학습하기 전에 range() 함수에 대하여 먼저 알아보자.

range() 함수

range() 함수는 특정 구간의 정수를 생성해 주는 함수이다. 시작값부터 증가값만큼 증가하여 종료값까지의 정수를 생성한다. 주의할 점은 종료값에 1을 더한 수를 작성해야 한다. range() 함수를 이용하여 증가하는 정수를 생성하는 형식은 다음과 같다.

증가하는 정수를 생성하는 range() 함수 형식	range(시작값, 종료값+1, 증가값)

시작값부터 감소값만큼 감소하여 종료값까지의 정수를 생성하는 방법은 조금 다르다. 주의할 점은 감소하는 정수를 생성할 때는 종료값에 1을 뺀 수를 작성해야 한다. range() 함수를 이용하여 감소하는 정수를 생성하는 형식은 다음과 같다.

감소하는 정수를 생성하는 range() 함수 형식	range(시작값, 종료값-1, 감소값)

range() 함수를 이용하여 증가하는 정수 또는 감소하는 정수를 생성해 보자.

사용 예	생성된 정수
range(2, 11, 2)	2, 4, 6, 8, 10
range(1, 10, 2)	1, 3, 5, 7, 9
range(3, 10, 3)	3, 6, 9
range(10, 0, -1)	10, 9, 8, 7, 6, 5, 4, 3, 2, 1
range(9, 0, -2)	9, 7, 5, 3, 1

range() 함수는 생략하여 사용이 가능하다. 가능한 생략과 불가능한 생략에 대한 규칙은 다음과 같다. 즉, range(0, 10, 1)과 range(0, 10)과 range(10)은 모두 0부터 1씩 증가하며 9까지의 정수를 생성한다.

range( ) 함수 규칙	1. range( ) 함수는 시작값을 생략하면 0이 된다.
	2. 증감값을 생략하면 1이 된다.
	3. 종료값은 생략할 수 없다.
	4. 시작값과 증감값은 정수형이어야 한다.
	5. 증감값은 0이 될 수 없다.

for 문

앞서 for 문은 range( ) 함수, 리스트, 딕셔너리, 문자열 등을 이용하여 반복 실행한다고 앞서 소개한 바 있다. 먼저 range( ) 함수를 이용하여 반복 실행하는 구조를 살펴보자.

range( ) 함수를 이용하는 경우 시작값부터 증가값만큼 증가하여 종료값까지의 정수를 생성시킨 뒤, 생성된 정수를 순차적으로 하나씩 꺼내와 제어변수에 저장하고 for 문에 종속된 명령문들을 실행한다. 이 과정을 반복 실행하는데 더 이상 꺼내올 정수가 없으면 for 문을 종료한다. for 문의 기본 구조를 살펴보면 다음과 같다.

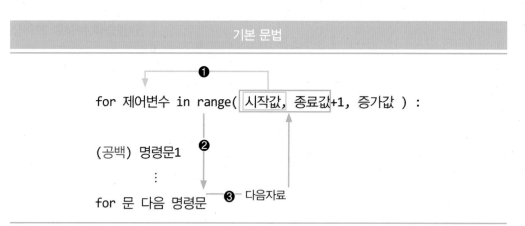

기본 문법

❶

for 제어변수 in range(시작값, 종료값+1, 증가값) :

❷

(공백) 명령문1
⋮

for 문 다음 명령문 ❸ 다음자료

순서도

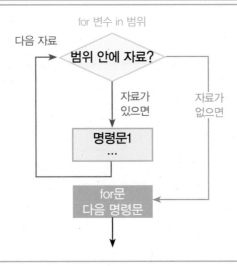

다음은 range(5)로 범위를 지정하여 0부터 4까지 1씩 증가하면서 반복 실행한다. 처음에는 0의 값을 가져와 제어변수 x에 저장한 후, '*' 문자를 x+1(0+1) 만큼 반복 출력한다. 다시 for 문으로 이동하여 이 과정을 반복하는데, 더 이상 꺼내올 정수가 없으면 for 문을 종료한다.

range() 함수를 이용한 반복 출력

```
1    for x in range(5) :
2        print('*' * (x+1))
```

[실행결과]
```
*
**
***
****
*****
```

for 문에 리스트와 문자열을 이용하여 특정 범위를 지정하는 방법도 range() 함수와 동일하다. 기본 구조는 다음과 같다.

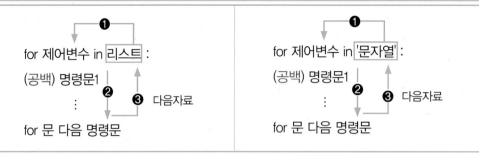

다음은 범위를 리스트로 지정하여 리스트의 요소를 하나씩 가져와 반복 실행한 예이다. 처음에는 odd 리스트의 1을 가져와 제어변수 x에 저장 후, x(1)를 출력한다. 이후 odd 리스트의 다음 요소 3을 가져와 제어변수 x에 저장 후 x(3)를 출력한다. 이 과정을 반복하게 되는데 마지막 요소 9를 가져와 제어변수 x에 저장 후 x(9)를 출력하고 for 문을 종료한다.

리스트를 이용한 반복 출력

```
1    for x in [1, 3, 5, 7, 9] :
2        print(x, end=' ')
```

```
1    odd = [1, 3, 5, 7, 9]
2    for x in odd :
3        print(x, end=' ')
```

[실행결과]
1 3 5 7 9

다음은 범위를 딕셔너리로 지정하여 딕셔너리의 키를 하나씩 가져와 반복 실행한 예이다. 처음에는 menu 딕셔너리의 첫 번째 키 '김밥'을 가져와 제어변수 x에 저장한 후, x('김밥')과 menu[x](2500)를 출력한다. 이 과정을 반복하게 되는데 마지막 키 '떡볶이'를 가져와 제어변수 x에 저장 후 x('떡볶이')와 menu[x](3000)를 출력하고 for 문을 종료한다.

딕셔너리를 이용한 반복 출력

```
1    menu = {'김밥':2500, '라면':3500, '떡볶이':3000}
2    for x in menu:
3        print(f'{x}: {menu[x]}')
```

[실행결과]
김밥: 2500
라면: 3500
떡볶이: 3000

※ for 문에서 범위를 딕셔너리로 지정할 때는 딕셔너리 이름만 작성해도 딕셔너리.keys()와
동일하게 동작한다.

다음은 'Fighting' 문자열에서 문자 하나씩을 가져와 반복 실행하는 예이다. 처음에는
'Fighting' 문자열의 문자 'F'를 가져와 제어변수 x에 저장한 후, x('F')를 출력한다.
이후 'Fighting' 문자열의 다음 문자 'i'를 가져와 제어변수 x에 저장한 후 x('i')를
출력한다. 이 과정을 반복하게 되는데 마지막 문자 'g'를 가져와 제어변수 x에 저장한 후
x('g')를 출력하고 for 문을 종료한다.

문자열을 이용한 반복 출력

```
1    for x in 'Fighting' :
2        print(x, end=' ')
```

[실행결과]
F i g h t i n g

터틀 그래픽은 기본적으로 화살촉이 오른쪽 방향을 가리킨다. 가리키고 있는 방향으로 지정
한 길이만큼 forward() 함수로 직선을 그린다. left() 함수를 이용하여 지정한 각도만큼
시계 반대 방향으로 화살촉을 회전한다. 이 과정을 for 문으로 반복하면서 사각형을 그린다.

for 문을 이용한 시각형 그리기

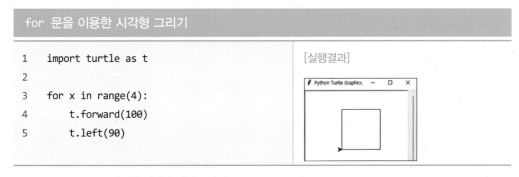

```
1    import turtle as t
2
3    for x in range(4):
4        t.forward(100)
5        t.left(90)
```

[실행결과]

- .forward() : 지정한 길이의 직선 그리기
- .left() : 화살촉을 시계 반대 방향으로 지정한 각도만큼 회전하기

위의 예제를 조금 응용해 보자. 다음은 for 문으로 반복하면서 사각형의 직선을 그릴 때 리
스트의 색상을 순차적으로 가져와 선 색을 바꿔가며 직선을 그린다.

for 문을 이용한 사각형 그리기 (선 색 바꾸기)

```
1    import turtle as t
2    color = ['red','green','blue','purple']
```

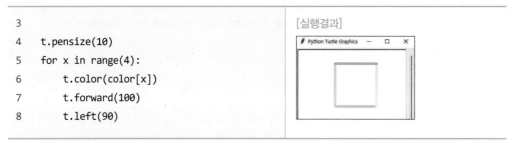

```
3
4      t.pensize(10)
5      for x in range(4):
6          t.color(color[x])
7          t.forward(100)
8          t.left(90)
```

[실행결과]

*실행결과의 원본 그림(컬러)은 '인피니티북스' 출판사 홈페이지에서 다운로드 할 수 있습니다.

for 문과 while 문 비교

같은 결과를 출력하는 프로그램을 통해 for 문과 while 문의 차이점을 살펴보자.

다음은 단을 입력받아 구구단을 출력하는 예이다. for 문을 이용한 예제에서는 range() 함수를 이용하여 1부터 9까지 반복하면서 구구단을 출력하고, while 문을 이용한 예제에서는 조건식 x<=9를 만족할 때까지 반복하면서 구구단을 출력한다. for 문과 while 문의 실행결과는 동일하다.

for 문과 while 문 비교 : 단을 입력받아 구구단 출력

```
1      num = int(input('단 입력: '))
2      for x in range(1, 10):
3          print(f'{num} × {x} = {num*x}')
```

```
1      x = 1
2      num = int(input('단 입력: '))
3      while x <= 9 :
4          print(f'{num} × {x} = {num*x}')
5          x += 1
```

[실행결과]
단 입력: 3
3 × 1 = 3
3 × 2 = 6
3 × 3 = 9
3 × 4 = 12
3 × 5 = 15
3 × 6 = 18
3 × 7 = 21
3 × 8 = 24
3 × 9 = 27

10.4 기타 제어문

for 문이나 while 문으로 반복 실행하다 보면 특정 상황이 발생했을 때 반복의 흐름을 바꿔야할 필요가 발생한다. break 문, continue 문, pass 문에 대하여 학습하기에 앞서 무한 반복에 대하여 알아보고, 무한 반복 구조에서 break 문과 continue 문의 용도를 살펴보자.

무한 반복(루프) 이해

반복문은 프로그래밍 할 때 매우 중요한 문법이다. 하지만 조건의 표현이 잘못되면 명령문이 무한 반복되어 종료되지 않는 프로그램이 될 수 있다. 다음은 변수 num이 5보다 작을 경우 인사말을 출력하는 예이다. 변수 num은 0으로 초기화 되었고 값이 변경되지 않기 때문에 영원히 5보다 작은 조건에 만족한다. 때문에 무한 반복되어 종료되지 않는다. 무한 반복 실행될 때는 "Ctrl + C"를 눌러 강제 종료해야 한다.

조건 표현이 잘못되어 무한 반복 실행	
1 num = 0 2 while num<5: 3 print('반갑습니다.')	[실행결과] 반갑습니다. 반갑습니다. ⋮

while 문의 조건식을 True로 표현하면 조건 결과가 항상 참(True)이 되어 무한 반복(루프)이 발생한다. 필요에 따라 강제로 무한 반복을 만들기도 하는데, 이때는 반드시 반복문 내부에 탈출 조건에 따라 break 문이 동작하도록 하여 무한 반복을 종료한다.

강제로 만든 무한 반복	

while True :
(공백) 명령문1
    ⋮
	while True :
	(공백) 명령문1
	    ⋮
	    탈출 조건 :
	      break

break 문과 continue 문 이해

break 문을 만나게 되면 반복 구간을 더 이상 실행하지 않고 반복문을 강제 종료한다. continue 문을 만나게 되면 반복 구간의 남은 명령문을 실행하지 않고 반복문 처음으로 이동한다. break 문과 continue 문 기본 구조를 살펴보면 다음과 같다.

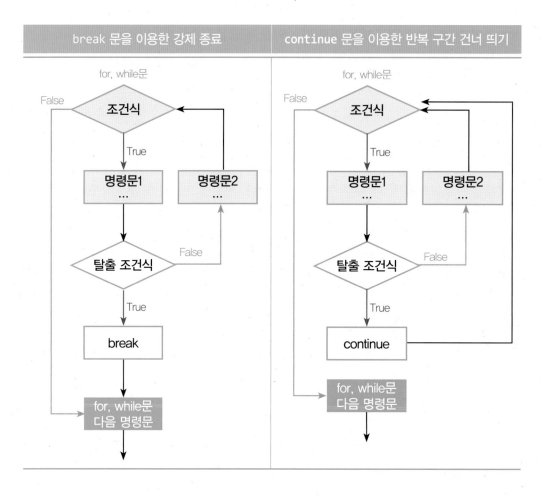

break 문을 이용한 강제 종료	continue 문을 이용한 반복 구간 건너 띄기

다음은 while True 문에 따라 무한 반복을 실행하는데, 내부에 탈출 조건식 num == 0 을 만족하면 break 문을 만나게 되어 while 문을 강제 종료한다.

while True 문에서 break 문으로 강제 탈출

```
1   while True:
2       num = int(input('번호 입력(종료 0): '))
3       if num == 0 :
4           break
5       print('while문 무한 반복중')
```

[실행결과]
번호 입력(종료 0): 7
while문 무한 반복중
번호 입력(종료 0): 2
while문 무한 반복중
번호 입력(종료 0): 0

다음은 1~20 사이의 정수 중에서 5의 배수를 출력하는 예이다. 왼쪽 예는 for 문 안에 if 문을 이용하여 5로 나눈 나머지가 0이면 '5의 배수' 문장을 출력한다. 오른쪽 예는 for 문 안에 if 문을 이용하여 5로 나눈 나머지가 0이 아니면 continue 문을 만나게 되어 '5의 배수' 문장을 출력하지 않고 for 문의 처음으로 이동한다.

1~20 사이의 정수 중에서 5의 배수 출력

```
1    for x in range(1,21) :
2        if x % 5 == 0 :
3            print('5의 배수:',x)
```

```
1    for x in range(1,21) :
2        if x % 5 != 0 :
3            continue
4        print('5의 배수:',x)
```

[실행결과]
5의 배수: 5
5의 배수: 10
5의 배수: 15
5의 배수: 20

위의 예는 같은 실행결과를 출력하지만 continue 문의 실행을 보여주기 위해 임의로 만든 예이다. 동일하게 동작한다면 굳이 오른쪽처럼 작성할 필요는 없다. 조건에 따라 continue 문으로 표현해야 할 때 적절히 사용하면 된다.

break 문과 continue 문을 사용한 다음 예제의 실행결과가 예상하는 결과와 동일한지 확인해 보자.

break 문과 continue 문의 사용 예

```
1    num=[15, -15, 25, -35]
2    for i in num:
3        if i<0:
```

```
1    num=[15, -15, 25, -35]
2    for i in num:
3        if i<0:
```

4 break 5 print(i)	4 continue 5 print(i)
[실행결과] 15	[실행결과] 15 25

기타 제어문으로 pass 문이 있는데, pass 문은 아무것도 실행하지 않는 문장이다. 반복문이나 임시 함수 작성 시 기본 틀만 표현해 놓고 싶은데, 내부에 당장 아무것도 작성하지 않으면 오류가 발생한다. 이럴 때 임시적으로 pass 문을 작성해 놓으면 오류 없이 기본 틀을 갖출 수 있다. 이후 실제 명령문을 작성할 때는 pass 문을 삭제해 준다. 다음은 pass 문의 사용 형태이다.

pass 문의 사용 형태

1 while True: 2 pass	1 for i in range(10): 2 pass

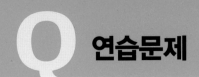

문제 1

1~10까지의 합을 구하는 프로그램을 for 문과 while 문으로 각각 작성하시오.

[실행결과]
1~10까지의 합: 55

문제 2

for 문을 이용하여 1~100 사이의 수에서 짝수의 합을 구하는 프로그램을 작성하시오.

[실행결과]
1~100사이의 수에서 짝수의 합: 2550

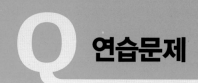

문제 3

for 문을 이용하여 1~100 사이의 수에서 홀수의 합을 구하는 프로그램을 작성하시오.

[실행결과]

1~100사이의 수에서 홀수의 합: 2500

문제 4

딕셔너리 값들의 합을 구하여 출력하는 프로그램을 작성하시오.

- menu = {'김밥':2500, '라면':3500, '떡볶이':3000}

[실행결과]

메뉴 가격들의 합: 9000

문제 5

다음 실행결과와 같이 원을 그리는 터틀 그래픽 프로그램을 작성하시오.

[실행결과]

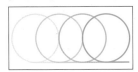

* 실행결과의 원본 그림(컬러)은 '인피니티북스' 출판사 홈페이지에서 다운로드 할 수 있습니다.

문제 6

반복하여 값을 입력받아 합계와 평균을 구하는 프로그램을 작성하시오.
(단, 0을 입력하기 전까지 무한 반복)

[실행결과]

정수 입력: 80

정수 입력: 90

정수 입력: 70

정수 입력: 85

정수 입력: 95

정수 입력: 0

합계: 420, 평균: 84.0

문제 7

삼각형 모양의 별을 출력하는 실행결과를 작성하시오.

```
1    for i in range(5) :
2        print('*' * (5-i))
```

[실행결과]

```
1    for i in range(5) :
2        print(str(5-i) * (5-i))
```

[실행결과]

문제 8

다음 실행결과와 같은 직각삼각형 모양의 별을 출력하는 프로그램을 작성하시오.

```
1
2
```

```
1
2
```

[실행결과]
```
    *
   **
  ***
 ****
*****
```

[실행결과]
```
*****
 ****
  ***
   **
    *
```

문제 9

다음 실행결과와 같은 정삼각형과 역삼각형 모양의 별을 출력하는 실행결과를 작성하시오.

1	1
2	2

[실행결과]
```
    *
   ***
  *****
 *******
*********
```

[실행결과]
```
*********
 *******
  *****
   ***
    *
```

Computing based Problem Solving

Computing based Problem Solving

11

반복구조와
문제해결(2)

Computing based Problem Solving

학습목표

• 중첩 반복문 구조에 대하여 이해하고 주어진 문제를 해결하는 데
  알맞은 중첩 반복문을 선택하여 사용할 수 있다.

• 반복문과 선택문을 중첩 활용하여 다양한 문제를 해결할 수 있다.

11.1 중첩 반복문

중첩 반복문은 반복문 내부에 또 다른 반복문이 표현되어 있는 형태이다. 다양한 형태의 중첩 반복문에 대하여 알아보고 활용해 보기로 한다.

중첩 반복문 이해

복잡한 문제는 한 번의 반복문으로 해결하기 어렵다. 이럴 때 반복문 안에 또 다른 반복문을 중첩 표현하면 해결할 수 있다. while 문 안에 다른 반복문이 중첩되거나 for 문 안에 다른 반복문이 중첩될 수 있다.

중첩 반복문 형태

중첩 반복문 형태에는 while 문 안에 while 문 중첩, while 문 안에 for 문 중첩, for 문 안에 while 문 중첩, for 문 안에 for 문 중첩 등이 있다. 중첩 반복문 형태별 기본 구조를 살펴보면 다음과 같다.

while 문 안의 중첩 반복문

while 문 안에 while 문을 중첩하면 다음과 같다. 외부에 있는 while 문 조건식1이 만족하면 ①을 실행하고 내부 while 문을 만나게 된다. 내부 while 문 조건식2가 만족하면 ②를 실행하고 ③의 내부 while 문 조건식2를 다시 확인한다. ②와 ③을 반복 수행하다가 내부 while 문 조건식2가 만족하지 않으면 내부 while 문 다음 명령문을 수행하고 ④의 외부 while 문 조건식1로 이동한다. 외부 while 문 조건식1이 만족하면 ①부터 다시 반복하여 수행한다.

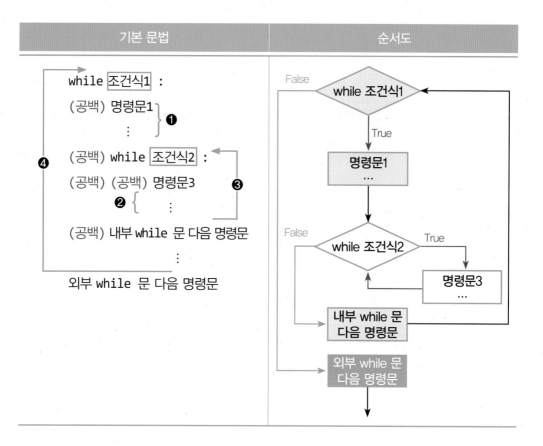

| 기본 문법 | 순서도 |

while 문 안에 for 문을 중첩하면 다음과 같다. 외부에 있는 while 문 조건식1이 만족하면 ①을 실행하고 내부 for 문을 만나게 된다. 내부 for 문에서 ② 시작값을 꺼내와 제어변수에 저장하고 ③을 실행한 후 ④의 다음 자료를 가져온다. ②, ③, ④를 반복 수행하다가 내부 for 문에 더 이상 꺼내올 자료가 없으면 내부 for 문 다음 명령문을 수행하고 ⑤의 외부 while 문 조건식1로 이동한다. 외부 while 문 조건식1이 만족하면 ①부터 다시 반복하여 수행한다.

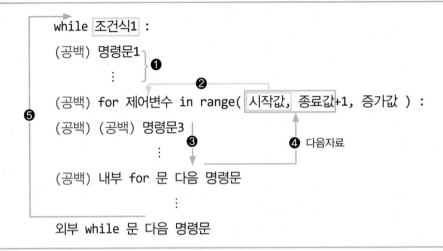

```
      while 조건식1 :
      (공백) 명령문1
               ⋮
      (공백) for 제어변수 in range( 시작값, 종료값+1, 증가값 ) :
      (공백) (공백) 명령문3
                      ⋮
      (공백) 내부 for 문 다음 명령문
                      ⋮
      외부 while 문 다음 명령문
```

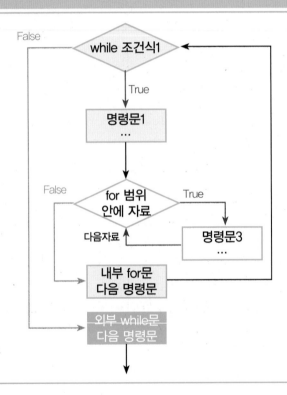

다음 예제는 외부 while True 문에 의해 무한 반복하여 실행한다. 0을 입력하면 외부 while 문을 종료하고, 다른 정수를 입력하면 내부 while 문에서 입력받은 단의 구구단을 모두 출력한 후 내부 while 문 수행을 완료한다. 다시 외부 while 문으로 이동하여 단을 입력받아 구구단을 출력하는 과정을 반복한다.

0을 입력하기 전까지 단을 입력받아 구구단 출력

```
1    while True:
2        dan = int(input('단 입력(종료:0) '))
3        if dan == 0:
4            break
5        x = 1
6        while x <= 9:
7            print(f'{dan} × {x} = {dan*x}')
8            x += 1
9    print('구구단 프로그램 종료')
```

```
[실행결과]
단 입력(종료:0) 7
7 × 1 = 7
7 × 2 = 14
7 × 3 = 21
7 × 4 = 28
7 × 5 = 35
7 × 6 = 42
7 × 7 = 49
7 × 8 = 56
7 × 9 = 63
단 입력(종료:0) 0
구구단 프로그램 종료
```

다음은 외부 **while True** 문에 의해 무한 반복 실행하는 예이다. 0을 입력하면 외부 **while** 문을 종료하는데, 영문 대문자를 입력하면 내부 **for** 문에서 입력받은 영문 대문자의 문자 하나씩 딕셔너리에서 암호코드를 가져와 변수 **code**에 저장한다. 모든 영문 대문자의 암호 코드를 변수 **code**에 저장하면 암호코드를 출력하고 내부 **for** 문 수행을 완료한다. 다시 외 부 **while** 문으로 이동하여 영문 대문자를 입력받아 암호로 변환하여 출력하는 과정을 반 복한다.

영문 대문자를 입력받아 암호로 변환하여 출력

```
1     password = {'A':'1!','B':'2@','C':'3#','D':'4$','E':'5%'}
2     while True:
3         code = ''
4         word = input('대문자 A~E 단어 입력(종료:0) ')
5         if word == '0':
6             break
7         for x in word:
8             code += password[x]
9         print('단어:',word,', 암호코드:',code,'\n')
10    print('암호코드 변환 프로그램 종료')
```

대문자 A~E 단어 입력(종료:0) ABC
단어: ABC , 암호코드: 1!2@3#

대문자 A~E 단어 입력(종료:0) ECA
단어: ECA , 암호코드: 5%3#1!

대문자 A~E 단어 입력(종료:0) 0
암호코드 변환 프로그램 종료

for 문 안의 중첩 반복문

for 문 안에 while 문을 중첩하면 다음과 같다. 외부에 있는 for 문에서 ① 시작값을 꺼내와 제어변수1에 저장하고 ②를 실행한 후 내부 while 문을 만나게 된다. 내부 while 문 조건식1에 만족하면 ③을 실행하고 ④의 내부 while 문 조건식1을 다시 확인한다. ③과 ④를 반복 수행하다가 내부 while 문 조건식1이 만족하지 않으면 내부 while 문 다음 명령문을 수행하고 ⑤의 외부 for 문으로 이동하여 다음 자료를 가져온다. 가져올 다음 자료가 있다면 ①부터 다시 반복 수행한다.

기본 문법

❶

for 제어변수1 in range(시작값, 종료값+1, 증가값) :

❷   (공백) 명령문1
      ⋮

  (공백) while 조건식1 :
❹   (공백) (공백) 명령문3   ❸
      ⋮

(공백) 내부 while 문 다음 명령문
    ⋮   ❺ 다음자료

외부 for 문 다음 명령문

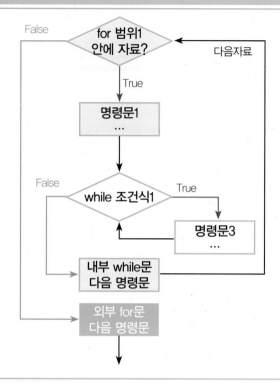

for 문 안에 for 문을 중첩하면 다음과 같다. 외부에 있는 for 문에서 ① 시작값을 꺼내와 제어변수1에 저장하고 ②를 실행한 후 내부 for 문을 만나게 된다. 내부 for 문에서 ③ 시작값을 꺼내와 제어변수2에 저장하고 ④를 실행한 후 ⑤의 다음 자료를 가져온다. ③, ④, ⑤를 반복 수행하다가 내부 for 문에 더 이상 꺼내올 자료가 없으면 내부 for 문 다음 명령문을 수행하고 ⑥의 외부 for 문으로 이동하여 다음 자료를 가져온다. 가져올 다음 자료가 있다면 ①부터 다시 반복 수행한다.

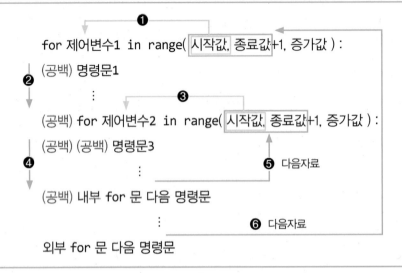

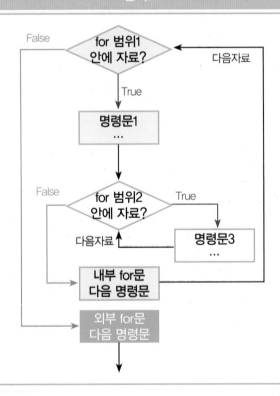

다음은 외부 for 문의 range() 함수를 이용하여 입력받은 시작 단에서 종료 단까지 구구 단 출력을 실행하는 예이다. 내부 while 문에서 시작 단의 구구단을 모두 출력하면 내부

while 문의 수행을 완료한다. 다시 외부 for 문으로 이동하여 종료 단까지 출력하는 과정을 반복한다.

```
1    start = int(input('시작단 입력: '))
2    end = int(input('종료단 입력: '))
3    for dan in range(start,end+1) :
4        x = 1
5        while x <= 9:
6            print(f'{dan} × {x} = {dan*x}')
7            x += 1
8    print('구구단 프로그램 종료')
```

[실행결과]
```
시작단 입력: 3
종료단 입력: 4
3 × 1 = 3
3 × 2 = 6
3 × 3 = 9
3 × 4 = 12
3 × 5 = 15
3 × 6 = 18
3 × 7 = 21
3 × 8 = 24
3 × 9 = 27
4 × 1 = 4
4 × 2 = 8
4 × 3 = 12
4 × 4 = 16
4 × 5 = 20
4 × 6 = 24
4 × 7 = 28
4 × 8 = 32
4 × 9 = 36
구구단 프로그램 종료
```

다음은 키토김밥 배합을 출력하는 예이다. 외부 for 문에서 main 리스트의 첫 번째 재료를 가져와 변수 m에 저장하고 내부 for 문에서 side 리스트의 첫 번째 재료를 가져와 변수 s에 저장한 후 키토김밥 배합을 출력한다. 이 과정을 반복 수행하다가 side 리스트에서 더 이상 꺼내올 재료가 없으면 내부 for 문의 수행을 완료한다. 외부 for 문으로 이동하여 main 리스트의 두 번째 재료를 가져와 키토김밥 배합을 출력하는 과정을 반복한다.

```
1    main = ['베이컨','크래미']
2    side = ['당근','오이']
3    x = 1
```

[실행결과]
```
1 베이컨+당근+계란
2 베이컨+오이+계란
```

```
4    for m in main :
5        for s in side :
6            print(x,m+'+'+s+'계란')
7            x += 1
```

3 크래미+당근+계란
4 크래미+오이+계란

다음은 변의 길이가 다른 사각형을 여러 개 그리는 예이다. 외부 **for** 문이 5번 반복하는 동안 내부 **for** 문에서는 매번 사각형을 그려준다. 내부 **for** 문에서 사각형을 그린 후 외부 **for** 문으로 이동하기 전에 변수 side에 20을 더하여 변의 길이를 늘인다. 이후 외부 **for** 문으로 이동하여 사각형 그리는 과정을 반복한다.

중첩 for 문을 이용하여 사각형 여러 개 그리기

```
1    import turtle as t
2    t.shape('turtle')
3    side = 100
4    for x in range(5):
5        for y in range(4):
6            t.forward(side)
7            t.left(90)
8        side += 20
```

[실행결과]

위의 문제를 조금 응용해 보자. 중첩 **for** 문으로 사각형 여러 개를 그릴 때 리스트의 색상을 순차적으로 가져와 색을 바꿔가며 사각형을 그린다.

중첩 for 문을 이용하여 사각형 여러 개 그리기 (사각형 색 바꾸기)

```
1    import turtle as t
2    color = ['red', 'green', 'blue', 'yellow', 'purple']
3    t.shape('turtle')
4    t.pensize(5)
5    side = 100
6    for x in range(5):
7        t.color(color[x])
8        for y in range(4):
9            t.forward(side)
10           t.left(90)
11       side += 20
```

[실행결과]

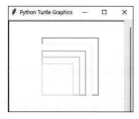

*실행결과의 원본 그림(컬러)은 '인피니티북스' 출판사 홈페이지에서 다운로드 할 수 있습니다.

11.2 중첩 제어문 활용

앞서 제어문인 선택문과 반복문에 대하여 살펴보았다. 선택문과 반복문을 중첩 활용하면 다양한 문제들을 해결할 수 있다. 이번에는 제어문 중첩 활용에 대하여 학습해 보자.

중첩 제어문 유형

제어문은 다양한 형태로 중첩될 수 있는데, 많이 사용되는 형태를 정리하면 다음과 같다.

조건식	제어문	활용 형태
for 문	선택문	for 문과 if 문 활용
		for 문과 if~else 문 활용
		for 문과 if~elif~else 문 활용
	반복문	중첩 for 문 활용
while 문	선택문	while 문 if 문 활용
	기타 제어문	while True 문(무한 반복)과 break 문 활용
for 문 또는 while 문	자료구조	for 문과 리스트 활용
		while 문과 딕셔너리 활용

for 문과 선택문 활용

for 문과 선택문을 활용한 다양한 형태들을 살펴보자.

1) for 문과 if 문 활용

다음은 리스트에 저장된 수강 과목 점수 중에서 70점 이상인 과목의 수를 출력하는 예제이다. 리스트의 요소를 처음부터 끝까지 차례대로 방문하여 70점 이상인 점수를 누적하여 출력한다.

```
1    score = [75, 95, 65, 100, 55]
2    cnt = 0
3    for x in range(5):
4        if score[x]>=70:
5            cnt += 1
6
7    print('70점 이상 과목 수:',cnt)
```

[실행결과]
70점 이상 과목 수: 3

for 문과 if~else 문 활용

다음은 시작 정수와 종료 정수를 입력받아 시작에서 종료 정수까지의 전체 합, 짝수 합, 홀수 합을 출력한다.

```
1    total, even, odd = 0, 0, 0
2    start = int(input('시작 정수: '))
3    end = int(input('종료 정수: '))
4
5    for x in range(start, end+1):
6        total += x
7        if x % 2 == 0: # 짝수판단
8            even += x
9        else:
10           odd += x
11
12   print(f'전체 합: {total}')
13   print(f'짝수 합: {even}')
14   print(f'홀수 합: {odd}')
```

[실행결과]
시작 정수: 1
종료 정수: 100
전체 합: 5050
짝수 합: 2550
홀수 합: 2500

for 문과 if~elif~else 문 활용

다음은 리스트에 저장되어 있는 프로그래밍 점수에 따라 90점 이상이면 '1등급', 80점 이상이면 '2등급', 70점 이상이면 '3등급', 나머지는 '실패' 메시지를 출력하는 예제이다.

```
1    score = [85, 95, 75, 55,100]
2    cnt = 0
3    print('프로그래밍 시험 결과')
4    print('-'*30)
5    for x in score:
6        cnt += 1
7        if x>=90:
8            result = '1등급'
9        elif x>=80:
10           result = '2등급'
11       elif x>=70:
12           result = '3등급'
13       else:
14           result = '실패'
15
16       print(f'{cnt}번 학생: {x}점')
17       print(f'결과: {result}')
18       print()
```

[실행결과]
프로그래밍 시험 결과

1번 학생: 85점
결과: 2등급

2번 학생: 95점
결과: 1등급

3번 학생: 75점
결과: 3등급

4번 학생: 55점
결과: 실패

5번 학생: 100점
결과: 1등급

중첩 for 문과 if 문 활용

다음은 중첩 for 문을 활용하여 5부터 9까지의 정수에 대한 약수와 약수의 개수를 구하는 예제이다.

```
1    for x in range(5,10):
2        cnt = 0
3        print(f'{x}의 약수: ', end='')
4        for y in range(1,x+1):
5            if x % y == 0:
6                print(y, end=' ')
7                cnt += 1
8        print(f'({cnt}개)')
```

[실행결과]
5의 약수: 1 5 (2개)
6의 약수: 1 2 3 6 (4개)
7의 약수: 1 7 (2개)
8의 약수: 1 2 4 8 (4개)
9의 약수: 1 3 9 (3개)

while 문과 선택문 활용

while 문과 선택문을 활용한 다양한 형태들을 살펴보자.

while 문과 if 문 활용

다음은 컴퓨터가 생성한 숫자와 사용자가 입력한 숫자를 비교하여 높은 숫자가 나오면 이기는 주사위 게임이다. 게임은 '0'을 입력하면 종료되고 아무키나 입력하면 계속 실행된다. 랜덤 정수를 생성하는 방법은 random 라이브러리를 임포트하고 randint() 함수를 이용하여 정수 범위를 지정하면 해당 범위 내에서 랜덤하게 생성된다.

주사위 게임

```
1    import random
2
3    print('<< 주사위 게임 시작 >>')
4    throw = input('엔터키를 누르세요 ')
5    while throw != '0':
6      com = random.randint(1,6)
7      user = int(input('정수 입력: '))
8      if com>user:
9        win='컴'
10     else:
11       win='나'
12     print(f'컴:{com} 나:{user}, {win} 승리')
13     throw=input('재시작-엔터키, 종료-0 ')
```

[실행결과]
```
<< 주사위 게임 시작 >>
엔터키를 누르세요
정수 입력: 5
컴:2 나:5, 나 승리
재시작-엔터키, 종료-0
정수 입력: 2
컴:3 나:2, 컴 승리
재시작-엔터키, 종료-0 0
```

while True 문(무한 반복)과 break 문 활용

다음은 while True 문으로 막대 그래프를 무한 반복하여 그리는 문제이다. 정수를 입력받아 정수만큼 그래프를 그리는데, '0'을 입력하면 종료한다.

막대 그래프 그리기

```
1    while True:
2        num = int(input('정수 입력: '))
3        if num==0:
4            break
5        for x in range(num):
6            print('■',end='')
7        print()
```

[실행결과]
```
정수 입력: 7
■ ■ ■ ■ ■ ■ ■
정수 입력: 5
■ ■ ■ ■ ■
정수 입력: 0
```

다음은 while True 문으로 구구단 문제를 무한 반복 출제하는 문제이다. 답을 입력받아 '정답', '오답'을 출력하는데, '0'을 입력하면 종료한다.

```
1    import random
2
3    print('<< 구구단 게임 >>')
4    while True:
5      sign = input('시작-아무키나, 종료-0 ')
6      if sign=='0':
7        break
8      dan = random.randint(2,9)
9      num = random.randint(1,9)
10     print(f'{dan} x {num} = ', end='')
11     answer = int(input())
12     if answer==dan*num:
13       print('정답')
14     else:
15       print('오답')
```

[실행결과]
```
<< 구구단 게임 >>
시작-아무키나, 종료-0
6 x 9 = 54
정답
시작-아무키나, 종료-0
7 x 4 = 28
정답
시작-아무키나, 종료-0
3 x 7 = 20
오답
시작-아무키나, 종료-0 0
```

반복문과 자료구조 활용

반복문과 자료구조를 활용한 다양한 형태들을 살펴보자.

for 문과 리스트 활용

다음은 리스트에 저장된 점수를 비교하여 석차를 구하는 문제이다. 리스트 **score**에 5개 점수가 저장되어 있다. 외부 **for** 문에서 가져온 리스트의 값과 내부 **for** 문에서 모든 리스트의 값과 비교한다. 외부 **for** 문에서 가져온 리스트 값보다 내부 **for** 문에서 큰 값이 존재하면 석차는 1이 더해진다.

```
1    score = [75, 85, 65, 99, 55]
2    rank = [0]*5  #석차 모두 0으로 초기화
3    cnt = len(score)
4    for x in range(cnt):
5      rank[x] = 1
6      for y in range(cnt):
7        if score[x]<score[y]:
8          rank[x] += 1
```

[실행결과]
```
점수:75, 석차:3
점수:85, 석차:2
점수:65, 석차:4
점수:99, 석차:1
점수:55, 석차:5
```

```
9
10    for i in range(cnt):
11        print(f'점수:{score[i]}, 석차:{rank[i]}')
```

다음은 리스트에 저장된 점수를 차례로 가져와 70점 이상이면 **'합격'**, 미만이면 **'불합격'**
을 출력하고 합격한 학생 수를 출력하는 예제이다.

합격/불합격 판단

```
1     score = [65, 85, 95, 75, 99]
2     cnt = 0
3     print(f'점수: {score}\n')
4     for x in range(len(score)):
5         if score[x]>=70:
6             result = '합격'
7             cnt += 1
8         else:
9             result = '불합격'
10        print(f'{x+1}번 학생: {result}')
11
12    print('\n합격한 학생 수: ', cnt)
```

[실행결과]
점수: [65, 85, 95, 75, 99]

1번 학생: 불합격
2번 학생: 합격
3번 학생: 합격
4번 학생: 합격
5번 학생: 합격

합격한 학생 수: 4

while 문과 딕셔너리 활용

다음은 딕셔너리에 메뉴(키)와 가격(값)을 저장한 후 전체 정보를 출력한다. while True 문
으로 메뉴를 입력하면 가격을 출력해 주는 과정을 무한 반복하는데 '0'을 입력하면 종료한다.

입력한 메뉴의 가격 확인

```
1     menu={'라면':3500,'김밥':2500,'떡볶이':3000}
2
3     for x in menu:
4         print(f'{x}: {menu[x]}원')
5     print()
6     while True:
7         name = input('메뉴 입력(종료 0): ')
8         if name=='0':
9             break
10        print(menu.get(name,'없는 메뉴'))
```

[실행결과]
라면: 3500원
김밥: 2500원
떡볶이: 3000원

메뉴 입력(종료 0): 김밥
2500
메뉴 입력(종료 0): 치킨
없는 메뉴
메뉴 입력(종료 0): 0

다음은 회원 정보를 입력받아 리스트에 저장한 후 출력하는 예제이다. 입력받은 회원 정보는 딕셔너리로 저장했다가 리스트에 최종 저장한 후 출력한다. 학번을 입력할 때 '0'을 입력하면 종료한다.

회원 정보 관리

```
1    cnt = 0
2    club = []
3    while True:
4      num = int(input('학번: (종료 0) '))
5      if num==0:
6        break
7      name = input('이름: ')
8      phone = input('연락처: ')
9      addr = {'학번':num,'이름':name,'연락처':phone}
10     club.append(addr)
11     print(f'{cnt+1}번 학생 정보 저장')
12     print(f'{club[cnt]}\n')
13     cnt += 1
```

[실행결과]
학번(종료 0): 100
이름: 이순신
연락처: 010-1234
1번 학생 정보 저장
{'학번': 100, '이름': '이순신', '연락처': '010-1234'}

학번(종료 0): 200
이름: 강감찬
연락처: 010-4321
2번 학생 정보 저장
{'학번': 200, '이름': '강감찬', '연락처': '010-4321'}

학번(종료 0): 0

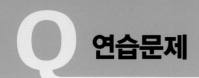
문제 1

수강 과목 점수를 입력받아 리스트에 저장하고, '합격'(80점 이상)과 '불합격'한 과목 수를 각각 출력하는 프로그램을 작성하시오.

[실행결과]

수강 과목 수 : 3

점수1: 80

점수2: 90

점수3: 75

합격: 2과목

불합격: 1과목

문제 2

시작 정수와 종료 정수를 입력받아 5의 배수를 제외한 모든 숫자의 합을 출력하는 프로그램을 작성하시오.

[실행결과]

시작 정수: 1

종료 정수: 10

5의 배수 제외 숫자의 합 40

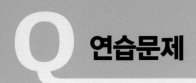

문제 3

0을 입력할 때까지 입력받은 모든 정수를 더한 결과를 출력하는 프로그램을 작성하시오.

[실행결과]
정수 입력: (종료 0)
정수 입력: 50
정수 입력: 90
정수 입력: 80
정수 입력: 70
정수 입력: 95
정수 입력: 0
합계 : 385

문제 4

다음은 프로그래밍 시험 점수를 5번 입력받아 리스트에 저장하고 총점과 평균을 구하여 출력하는 프로그램이다. 실행결과와 같이 출력되도록 밑줄에 알맞은 코드를 완성하시오.

```
1    score = []
2    total = 0
3    for x in range(5):
4        s = int(input('점수 입력: '))
5        _____
6    for y in score:
7        _____
8
9    avg = _____
10   print(f'총점 : {total}')
11   print(f'평균 : {avg}')
```

[실행결과]
점수 입력: 80
점수 입력: 90
점수 입력: 50
점수 입력: 70
점수 입력: 95
총점 : 385
평균 : 77.0

문제 5

컴퓨터가 생성한 숫자를 맞히는 게임 프로그램을 작성하시오.

〈조건〉

1) 컴퓨터는 1~30사이의 숫자 중에서 임의의 숫자를 하나 생성 후 이를 사용자에게 맞혀 보도록 안내한다.

2) 사용자가 입력한 숫자가 컴퓨터 숫자와 같으면 맞았다고 알려주고, 틀리면 컴퓨터보다 큰지 작은지를 알려준다.

3) 숫자 0을 입력하면 종료한다.

[실행결과]

```
<< 컴퓨터가 생각한 1~30 숫자 맞히기 >>
숫자 입력(종료 0): 15
더 큰 숫자 입력!
숫자 입력(종료 0): 20
더 작은 숫자 입력!
숫자 입력(종료 0): 18
정답!!
```

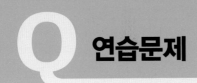

3, 6, 9로 끝나는 숫자는 '짝'을 출력하는 369 게임 프로그램을 작성하시오.

[실행결과]

<< 369 게임 >>

1부터 어디까지 진행할까요? 30

1 2 짝 4 5 짝 7 8 짝 10 11 12 짝 14 15 짝 17 18 짝 20 21 22 짝 24 25 짝 27 28 짝 30

문제 7

정수를 입력받아 정수만큼 하트 기호를 출력한다(단, 두 자리 이상의 정수는 자릿수를 분리하여 하트 기호를 출력한다).

[실행결과]

정수 입력: 35

♥ ♥ ♥

♥ ♥ ♥ ♥ ♥

문제 8

상품 가격을 5번 입력받아 리스트에 저장한 후 최대 가격을 찾아서 출력하는 프로그램을 작성하시오.

[실행결과]

가격: 15000

가격: 20000

가격: 10000

가격: 12500

가격: 13500

최대 가격 : 20000

문제 9

행운의 로또 복권 추첨 프로그램을 작성하시오(단, 로또 번호는 1~45 숫자 중에서 총 6개의 숫자로 구성됨).

[실행결과]

<< 생성된 로또 번호 >>

5 8 26 30 32 44

Computing based Problem Solving

Computing based Problem Solving

Computing based Problem Solving

12

제어문 종합 활용 문제해결

학습목표

- 커피 자판기 프로그램 문제해결을 프로그래밍으로 해결해 보자.
- 스마트폰 연락처 프로그램 문제해결을 프로그래밍으로 해결해 보자.
  - 문제에서 요구하는 바를 이해하고 필요한 핵심 요소를 도출할 수 있다.
  - 도출한 핵심 요소를 이용하여 문제해결 절차를 알고리즘으로 표현하고 프로그래밍으로 자동화 할 수 있다.

학습목차

12.1 커피 자판기 프로그램

커피 자판기 프로그램은 자판기 판매 메뉴 정보를 보여주고 투입 금액과 음료 메뉴를 입력 받아 구입 음료를 출력하고 잔돈을 반환해 주는 프로그램이다.

문제 이해하기 – 커피 자판기 프로그램 v1

- 리스트를 이용하여 커피 자판기 판매 메뉴와 가격을 설정한다.
  - menu = ['HOT 아메리카노','ICE 아메리카노','카페라떼','카푸치노']
  - price = [2000, 2500, 3500, 3500]
- 투입 금액과 음료 메뉴를 입력받아 구입 음료를 출력하고 잔돈을 반환한다.
- 투입 금액이 충분하면 음료와 잔액을 출력하고 그렇지 않으면 오류 메시지를 출력한다.

알고리즘 – 커피 자판기 프로그램 v1	핵심 요소
<ul><li>커피 자판기 판매 메뉴와 가격 설정 → 리스트 초기화</li><li>커피 자판기 판매 메뉴와 가격 출력 → for 반복문</li><li>투입 금액 입력</li><li>무한 반복문으로 메뉴 선택, 구입 음료 및 잔액 출력</li><li>0을 입력하면 최종 잔액 출력 후 프로그램 종료</li></ul>	input() print() int() 리스트 선택문 반복문

소스코드 – 커피 자판기 프로그램 v1

```
1    menu = ['HOT 아메리카노','ICE 아메리카노','카페라떼','카푸치노']
2    price = [2000, 2500, 3500, 3500]
3
4    print('<< 자판기 판매 메뉴 >>')
5    for x in range(4):
6        print(f'{x+1}. {menu[x]} {price[x]}원')
7    print()
8
9    money = int(input('돈을 투입하세요: '))
10   print()
11
12   while True:
```

```
13        num = int(input('메뉴 선택 (종료:0): '))
14        if num == 0:
15            break
16        elif money < price[num-1]:
17            print('잔액 부족')
18        else:
19            print(menu[num-1],'구입완료')
20            money = money-price[num-1]
21
22        print(f'잔액: {money}원')
23        print()
24
25    print(f'<< 커피 자판기 프로그램 종료 >> 잔액 {money}원 반환')
```

[실행결과]
<< 자판기 판매 메뉴 >>
1. HOT 아메리카노 2000원
2. ICE 아메리카노 2500원
3. 카페라떼 3500원
4. 카푸치노 3500원

돈을 투입하세요: 5000

메뉴 선택 (종료:0): 2
ICE 아메리카노 구입완료
잔액: 2500원

메뉴 선택 (종료:0): 1
HOT 아메리카노 구입완료
잔액: 500원

메뉴 선택 (종료:0): 0
<< 커피 자판기 프로그램 종료 >> 잔액 500원 반환

소스코드 설명 – 커피 자판기 프로그램 v1

- 1행: menu 리스트에 커피 자판기 메뉴를 초기화한다.
- 2행: price 리스트에 커피 가격을 초기화한다.
- 5~6행: for 문으로 커피 자판기 메뉴와 가격을 모두 출력한다.
- 9행: 투입 금액을 입력받는다.
- 12~23행: while True 무한 반복문으로 메뉴 선택, 구입 음료 및 잔액 출력을 반복한다.
- 13행: 커피 메뉴를 입력한다.

- 14~15행: 0을 입력하면 무한 반복을 종료한다.
- 16~17행: 금액(money)이 입력받은 커피 메뉴 가격(price[num-1])보다 작으면 잔액 부족 오류 메시지를 출력한다.
- 18~19행: 선택한 음료 구입 완료 메시지를 출력한다.
- 20행: 금액(money)에서 커피 메뉴 가격(price[num-1])을 빼준다.
- 21행: 잔액을 출력한다.
- 25행: 프로그램 종료 메시지와 반환 잔액을 출력한다.

커피 자판기 프로그램을 응용해 보자. 커피 자판기 메뉴와 가격 정보를 하나의 딕셔너리로 저장하고, 잔액이 2000원 미만이면 '0'을 입력하지 않아도 잔액을 출력하고 종료하도록 수정해 보자.

문제 이해하기 – 커피 자판기 프로그램 v2

- 이전 기능은 그대로 유지하고 다음 기능으로 변경 및 추가한다.
- 딕셔너리를 이용하여 커피 자판기 판매 메뉴와 가격을 설정한다.
  - menu = {'HOT 아메리카노':2000,'ICE 아메리카노':2500,'카페라떼':3500,'카푸치노':3500}
- 잔액이 2000원 미만이면 '0'을 입력하지 않아도 잔액을 출력하고 종료한다.

알고리즘 – 커피 자판기 프로그램 v2 | 핵심 요소

알고리즘	핵심 요소
■ 커피 자판기 판매 메뉴와 가격 설정 → 딕셔너리 초기화 ■ 커피 자판기 판매 메뉴와 가격 출력 → for 반복문 ■ 투입 금액 입력 ■ 무한 반복문으로 메뉴 선택, 구입 음료 및 잔액 출력 ■ 잔액이 2000원 미만이면 '0'을 입력하지 않아도 최종 잔액 출력 후 종료 ■ '0'을 입력하면 최종 잔액 출력 후 프로그램 종료	input() print() int() 딕셔너리 선택문 반복문

소스코드 – 커피 자판기 프로그램 v2

```
1   menu={'HOT 아메리카노':2000,'ICE 아메리카노':2500,'카페라떼':3500,'카푸치노':3500}
2
3   print('<< 자판기 판매 메뉴 >>')
4   for x in menu:
5       print(f'{x} {menu[x]}원')
6   print()
7
8   money = int(input('돈을 투입하세요: '))
9   print()
10
```

```
11   while True:
12       if money < 2000:
13           break
14
15       order = input('메뉴 선택 (종료:0): ')
16
17       if order == '0':
18           break
19       elif money < menu[order]:
20           print('잔액 부족')
21       else:
22           print(f'{order} 구입완료')
23           money = money-menu[order]
24
25       print(f'잔액: {money}원')
26       print()
27
28   print(f'<< 커피 자판기 프로그램 종료 >> 잔액 {money}원 반환')
```

[실행결과]
<< 자판기 판매 메뉴 >>
HOT 아메리카노 2000원
ICE 아메리카노 2500원
카페라떼 3500원
카푸치노 3500원

돈을 투입하세요: 5000

메뉴 선택 (종료:0): ICE 아메리카노
ICE 아메리카노 구입완료
잔액: 2500원

메뉴 선택 (종료:0): 카푸치노
잔액 부족
잔액: 2500원

메뉴 선택 (종료:0): HOT 아메리카노
HOT 아메리카노 구입완료
잔액: 500원

<< 커피 자판기 프로그램 종료 >> 잔액 500원 반환

- 1행: menu 딕셔너리에 커피 자판기 메뉴와 가격을 초기화한다.
- 4~5행: for 문으로 딕셔너리의 커피 자판기 메뉴와 가격을 모두 출력한다.
- 8행: 투입 금액을 입력받는다.
- 11~26행: while True 무한 반복문으로 메뉴 선택, 구입 음료 및 잔액 출력을 반복한다.
- 12~13행: 금액(money)이 2000원 미만이면 무한 반복을 종료한다.
- 15행: 커피 메뉴를 입력한다.
- 17~18행: 0을 입력하면 무한 반복을 종료한다.
- 19~20행: 투입 금액(money)이 입력받은 커피 메뉴 가격(menu[order])보다 작으면 잔액 부족 오류 메시지를 출력한다.
- 21~22행: 선택한 음료 구입 완료 메시지를 출력한다.
- 23행: 투입 금액에서 커피 메뉴 가격(menu[order])을 빼준다.
- 25행: 잔액을 출력한다.
- 28행: 프로그램 종료 메시지와 반환 잔액을 출력한다.

12.2 스마트폰 연락처 프로그램

스마트폰 연락처 프로그램은 등록되지 않은 연락처만 추가 가능하고, 이름을 입력받아 연락처 검색 기능을 제공하는 프로그램이다.

문제 이해하기 – 스마트폰 연락처 프로그램 v1

- 연락처는 딕셔너리로 관리한다.
- 선택 메뉴는 "1)추가 2)검색 3)종료"로 한다.
- 스마트폰 연락처 목록에 없는 경우에만 이름과 전화번호를 등록한다.
- 찾는 이름이 있으면 전화번호를 출력하고, 없으면 오류 메시지를 출력한다.

알고리즘 – 스마트폰 연락처 프로그램 v1

알고리즘	핵심 요소
■ 선택 메뉴 입력 → 1)추가 2)검색 3)종료 1) 추가 기능 – 이름을 입력받아 연락처 목록에 있는지 확인 후 없으면 전화번호를 입력받아 딕셔너리에 이름과 전화번호 저장 2) 검색 기능 – 이름을 입력받아 연락처 목록에 있으면 전화번호를 출력하고 그렇지 않으면 오류 메시지 출력 3) 종료 기능 – 프로그램 종료	input() print() int() 딕셔너리 선택문 반복문

소스코드 – 스마트폰 연락처 프로그램 v1

```
1    print('<< 스마트폰 연락처 프로그램 >>\n')
2    contact = {}
3    while True:
4        num = input('1)추가 2) 검색 3) 종료 ')
5        if num=='1':
6            name = input('이름: ')
7            if name in contact:
8                print('이미 있음')
9            else:
10               phone = input('전화번호: ')
```

```
11              contact[name] = phone
12      elif num=='2':
13          name = input('이름: ')
14          if name in contact:
15              print(contact[name])
16          else:
17              print('없는 이름')
18      elif num=='3':
19          break
20      else:
21          print('잘못된 번호 입력')
22      print()
23  print('\n<< 스마트폰 연락처 프로그램 종료 >>')
```

[실행결과]
<< 스마트폰 연락처 프로그램 >>

1) 추가 2) 검색 3) 종료 1
이름: 강감찬
전화번호: 010-1234

1) 추가 2) 검색 3) 종료 1
이름: 강감찬
이미 있음

1) 추가 2) 검색 3) 종료 1
이름: 이순신
전화번호: 010-4321

1) 추가 2) 검색 3) 종료 2
이름: 홍길동
없는 이름

1) 추가 2) 검색 3) 종료 2
이름: 강감찬
강감찬: 010-1234

1) 추가 2) 검색 3) 종료 3

<< 스마트폰 연락처 프로그램 종료 >>

- 2행: 연락처를 저장할 contact 딕셔너리를 선언한다.
- 3~22행: while True 무한 반복문으로 연락처 추가 및 검색을 반복한다.
- 4행: 선택 메뉴를 입력한다.
- 5~11행: 1)추가 메뉴를 선택하면 이름을 입력받아 연락처 목록에 있는지 확인하여 있으면 이미 있다는 메시지를 출력하고 없으면 contact 딕셔너리에 추가한다.
- 12~17행: 2)검색 메뉴를 선택하면 이름을 입력받아 연락처 목록에 있는지 확인하여 있으면 이름과 전화번호를 출력하고 없으면 없는 이름이라는 메시지를 출력한다.
- 18~19행: 3)종료 메뉴를 선택하면 무한 반복을 종료한다.
- 20~21행: 1)~3) 외에 번호를 입력하면 잘못된 번호 입력이라는 오류 메시지를 출력한다.

스마트폰 연락처 프로그램에 전체 검색, 수정, 삭제 기능을 추가하여 프로그램 기능을 확장해 보자.

문제 이해하기 – 스마트폰 연락처 프로그램 v2

- 이전 기능은 그대로 유지하고 전체 검색, 수정, 삭제 기능을 추가한다.
- 선택 메뉴는 "1)추가 2)수정 3)삭제 4)검색 5)전체검색 0)종료"로 한다.

알고리즘 – 스마트폰 연락처 프로그램 v2	핵심 요소
■ 선택 메뉴 입력 → 1)추가 2)수정 3)삭제 4)검색 5)전체검색 0)종료 1) 추가 기능 – 이름을 입력받아 연락처 목록에 없으면 전화번호를 입력받아 딕셔너리에 이름과 전화번호 저장 2) 수정 기능 – 이름을 입력받아 연락처 목록에 있는 경우에만 전화번호를 입력받아 전화번호 수정 3) 삭제 기능 – 이름을 입력받아 연락처 목록에 있는 경우에만 이름과 전화번호 삭제 4) 검색 기능 – 이름을 입력받아 연락처 목록에 있는 경우에만 이름과 전화번호 출력 5) 전체검색 기능 – 연락처 목록에 있는 모든 이름과 전화번호 출력 0) 종료 기능 – 프로그램 종료	input() print() int() del() 딕셔너리 선택문 반복문

```python
1   print('<< 스마트폰 연락처 프로그램 >>\n')
2   contact = {}
3   while True:
4       num = input('1)추가 2)수정 3)삭제 4)검색 5)전체검색 0)종료 ')
5       if num=='0':
6           break
7       elif num=='1':
8           name = input('이름: ')
9           if name in contact:
10              print('이미 있음')
11          else:
12              phone = input('전화번호: ')
13              contact[name] = phone
14      elif num=='2':
15          name = input('이름: ')
16          if name in contact:
17              phone = input('전화번호: ')
18              contact[name] = phone
19          else:
20              print('없는 이름')
21      elif num=='3':
22          name = input('이름: ')
23          if name in contact:
24              del(contact[name])
25          else:
26              print('없는 이름')
27      elif num=='4':
28          name = input('이름: ')
29          if name in contact:
30              print(f'{name}: {contact[name]}')
31          else:
32              print('없는 이름')
33      elif num=='5':
34          for x in contact:
35              print(f'{x}: {contact[x]}')
36      else:
37          print('잘못된 번호 입력')
38      print()
39  print('\n<< 스마트폰 연락처 프로그램 종료 >>')
```

<< 스마트폰 연락처 프로그램 >>

1)추가 2)수정 3)삭제 4)검색 5)전체검색 0)종료 1
이름: 강감찬
전화번호: 010-1234

1)추가 2)수정 3)삭제 4)검색 5)전체검색 0)종료 1
이름: 강감찬
이미 있음

1)추가 2)수정 3)삭제 4)검색 5)전체검색 0)종료 1
이름: 이순신
전화번호: 010-4321

1)추가 2)수정 3)삭제 4)검색 5)전체검색 0)종료 4
이름: 강감찬
강감찬: 010-1234

1)추가 2)수정 3)삭제 4)검색 5)전체검색 0)종료 2
이름: 강감찬
전화번호: 010-1357

1)추가 2)수정 3)삭제 4)검색 5)전체검색 0)종료 3
이름: 이순신

1)추가 2)수정 3)삭제 4)검색 5)전체검색 0)종료 5
강감찬: 010-1357

1)추가 2)수정 3)삭제 4)검색 5)전체검색 0)종료 0

<< 스마트폰 연락처 프로그램 종료 >>

소스코드 설명 – 스마트폰 연락처 프로그램 v2

- 2행: 연락처를 저장할 contact 딕셔너리를 선언한다.
- 3~38행: while True 무한 반복문으로 연락처 추가, 수정, 삭제, 검색, 전체검색을 반복한다.
- 4행: 선택 메뉴를 입력한다.
- 5~6행: 0)종료 메뉴를 선택하면 무한 반복을 종료한다.
- 7~13행: 1)추가 메뉴를 선택하면 이름을 입력받아 연락처 목록에 있는지 확인하여 있으면 이미 있다는 메시지를 출력하고 없으면 contact 딕셔너리에 추가한다.
- 14~20행: 2)수정 메뉴를 선택하면 이름을 입력받아 연락처 목록에 있는지 확인하여 있으면 전화번호를 입력받아 연락처를 수정한다. 연락처 목록에 없으면 없는 이름이라는 메시지를 출력한다.

- 21~26행: 3)삭제 메뉴를 선택하면 이름을 입력받아 연락처 목록에 있는지 확인하여 있으면 해당 연락처를 삭제한다. 연락처 목록에 없으면 없는 이름이라는 메시지를 출력한다.
- 27~32행: 4)검색 메뉴를 선택하면 이름을 입력받아 연락처 목록에 있는지 확인하여 있으면 이름과 전화번호를 출력하고 없으면 없는 이름이라는 메시지를 출력한다.
- 33~35행: 5)전체검색 메뉴를 선택하면 연락처 목록에 있는 모든 이름과 전화번호를 출력한다.
- 36~37행: 0)~5) 외에 번호를 입력하면 잘못된 번호 입력이라는 오류 메시지를 출력한다.

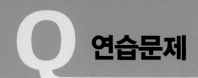
문제 1

수업 주차에 따른 출석과 결석을 입력받아 출석 횟수와 결석 횟수를 계산하여 출력하는 프로그램을 작성하시오.

〈조건〉

1) 한 학기 수업 주차를 입력받는다.

2) 각 주차별로 출석인지 결석인지를 입력받아 리스트에 저장한다.

3) 출석 횟수와 결석 횟수를 출력한다.

[실행결과]

```
한 학기 수업 주차 입력 : 5
1주차 강의에 출석하셨나요?
1)출석 0)결석 1
2주차 강의에 출석하셨나요?
1)출석 0)결석 1
3주차 강의에 출석하셨나요?
1)출석 0)결석 1
4주차 강의에 출석하셨나요?
1)출석 0)결석 0
5주차 강의에 출석하셨나요?
1)출석 0)결석 1

출석 횟수: 4회
결석 횟수: 1회
```

문제 1)을 확장하여 출석률과 결석률 기능을 추가해 보자.

〈조건〉

1) 출석률과 결석률을 계산하여 출력한다.

2) 결석률이 30% 이상이면 '수업 일수 부족으로 학점 부여 불가' 경고 메시지를 출력한다.

[실행결과]

한 학기 수업 주차 입력 : 5

1주차 강의에 출석하셨나요?

1)출석 0)결석 1

2주차 강의에 출석하셨나요?

1)출석 0)결석 1

3주차 강의에 출석하셨나요?

1)출석 0)결석 1

4주차 강의에 출석하셨나요?

1)출석 0)결석 0

5주차 강의에 출석하셨나요?

1)출석 0)결석 0

출석 횟수: 3회, 60.0%

결석 횟수: 2회, 40.0%

수업 일수 부족으로 학점 부여 불가

문제 3

앞서 살펴보았던 커피 자판기 프로그램을 확장하여 커피 메뉴와 수량을 입력받는 기능을 추가해 보자.

[실행결과]

```
<< 자판기 판매 메뉴 >>
HOT 아메리카노 2000원
ICE 아메리카노 2500원
카페라떼 3500원
카푸치노 3500원

돈을 투입하세요: 10000

메뉴 선택 (종료:0): ICE 아메리카노
수량 입력: 2
ICE 아메리카노 2잔,구입완료
잔액: 5000원

메뉴 선택 (종료:0): 카푸치노
수량 입력: 2
잔액 부족
잔액: 5000원

메뉴 선택 (종료:0): 카푸치노
수량 입력: 1
카푸치노 1잔,구입완료
잔액: 1500원

<< 커피 자판기 프로그램 종료 >> 잔액 1500원 반환
```

Computing based Problem Solving

Computing based Problem Solving

Computing based Problem Solving

13

특정 작업의 수행과 문제해결

학습목표

- 함수가 무엇인지 이해하고 필요성에 대하여 설명할 수 있다.
- 내장 함수와 사용자 정의 함수를 구분하여 이해할 수 있다.
- 사용자 정의 함수의 다양한 형태를 이해하고 정의할 수 있다.
- 함수를 이용하여 주어진 문제를 해결할 수 있다.

학습목차

13.1 함수 개요

프로그래밍과 관련하여 함수는 특정 작업을 위해 서로 관련 있는 명령어들을 모아 놓은 것이다. 이러한 함수는 새로운 개념이 아니다. 우리는 이미 파이썬에서 제공하는 많은 함수들을 사용하여 프로그래밍 한 바 있다. 함수는 크게 파이썬에서 제공하는 내장 함수와 사용자가 필요에 의해 직접 정의하는 사용자 정의 함수로 구분된다.

파이썬에서 제공하는 내장 함수에는 표준 입력함수 input(), 표준 출력함수 print(), 자료형을 확인하는 type() 함수, 길이를 반환해 주는 len() 함수, 특정 자료를 삭제하는 del() 함수, 리스트로 만들어 주는 list() 함수, 정수를 생성해 주는 range() 함수 등이 있다.

사용자 정의 함수는 함수를 정의할 때 이름을 지정하고 내부에 수행해야 할 일에 대한 명령문들을 순차적으로 작성한다.

먼저 함수가 무엇인지 자세히 알아보고, 내장 함수와 사용자 정의 함수에 대하여 학습해 보자.

함수 이해

규모가 크고 복잡한 문제를 해결할 때는 전체 문제를 작고 간단한 문제들로 나누어서 작업하는 것이 효율적이다. 작은 문제들을 해결하여 합하면 전체의 큰 문제가 해결되는 것이다. 프로그램 관점에서는 전체 프로그램을 작고 간단한 프로그램들로 나누어서 작업을 하는 것이다. 이때 작고 간단한 프로그램을 함수라 부른다. 즉, 전체 프로그램은 함수의 집합으로 구성되는 것이다.

함수 필요성

다음은 A학생과 B학생이 작성한 두 가지 형태의 애국가 가사이다. A학생은 반복되는 후렴구를 매번 중복되게 작성했고, B학생은 중복되는 후렴구 부분에 표시만 해 놓고 후렴구는 따로 한 번만 작성하였다. 어느 쪽이 더 효율적으로 보이는지 생각해 보자.

A학생	B학생
1 동해물과 백두산이 마르고 닳도록 하느님이 보우하사 우리나라 만세 무궁화 삼천리 화려 강산 대한 사람 대한으로 길이 보전하세	1 동해물과 백두산이 마르고 닳도록 하느님이 보우하사 우리나라 만세 〈후렴부〉
2 남산 위에 저 소나무 철갑을 두른 듯 바람서리 불변함은 우리 기상일세 무궁화 삼천리 화려 강산 대한 사람 대한으로 길이 보전하세	2 남산 위에 저 소나무 철갑을 두른 듯 바람서리 불변함은 우리 기상일세 〈후렴부〉
3 가을 하늘 공활한데 높고 구름 없이 밝은 달은 우리 가슴 일편단심일세 무궁화 삼천리 화려 강산 대한 사람 대한으로 길이 보전하세	3 가을 하늘 공활한데 높고 구름 없이 밝은 달은 우리 가슴 일편단심일세 〈후렴부〉
4 이 기상과 이 맘으로 충성을 다하여 괴로우나 즐거우나 나라 사랑하세 무궁화 삼천리 화려 강산 대한 사람 대한으로 길이 보전하세	4 이 기상과 이 맘으로 충성을 다하여 괴로우나 즐거우나 나라 사랑하세 〈후렴부〉 〈후렴부〉 무궁화 삼천리 화려 강산 대한 사람 대한으로 길이 보전하세

위에서 중복 부분은 따로 작성하여 표현한다면 전체적으로 간결해진다는 것을 확인할 수 있다. 그렇다면 같은 관점에서 함수를 사용하는 이유에 대하여 생각해 보자.

첫째, 중복 코드가 적을 때 잘 작성된 프로그램이라고 한다. 중복된 코드란 똑같은 코드가 여러 번 작성되었다는 것을 의미한다. 중복된 코드는 별도로 모아서 함수로 작성해 놓고 필요할 때마다 호출해서 사용하면 중복된 코드를 줄일 수 있고 전체적으로는 코드의 양을 줄일 수 있다. 둘째, 간결해진 코드는 전체의 기능을 이해하기 수월해진다. 셋째, 프로그램의 흐름을 파악하기 쉽기 때문에 관리하기 쉽다. 넷째, 중요한 기능만 함수로 정의해두면 이를 필요로 하는 프로그램이나 다른 프로그래머에게 재사용이 가능하여 매우 효율적으로 사용할 수 있다. 함수를 사용하는 이유를 정리하면 다음과 같다.

함수 사용 이유

1. 중복된 코드를 제거하여 코드의 양을 줄일 수 있다.
2. 간결해진 코드는 전체 기능을 이해하기 수월해진다.
3. 프로그램의 흐름을 파악하기 쉽기 때문에 관리하기 쉽다.
4. 재사용이 가능하여 효율성이 높아진다.
5. 유지보수가 편리해진다.

13.2 내장 함수

파이썬은 사용자가 직접 함수를 정의할 필요 없이 사용할 수 있는 여러 가지 중요한 내장 함수를 제공한다. 내장 함수란, 일반적인 문제를 해결하기 위해 필요한 함수를 우리가 편리하게 사용할 수 있도록 파이썬 내부에 포함시켜 제공하는 함수를 말한다. 예를 들어 `print()` 함수는 변수나 상수를 출력하는 일을 한다. 그러나 우리는 `print()` 함수가 어떤 코드로 구성되어 있는지 정의한 적이 없다. 이처럼 파이썬에 이미 정의되어 있는 함수를 내장 함수라고 한다. 많이 사용하는 내장 함수에 대하여 살펴보자.

내장 함수 중에서 `max()` 함수와 `min()` 함수는 자료에서 가장 큰 값과 가장 작은 값을 구해 준다. 큰 값과 작은 값은 숫자와 문자열 모두 구할 수 있다. 문자의 경우 사전 순으로 처음 문자가 가장 작고 마지막 문자가 가장 크다. 특수문자, 영어 대문자, 소문자 순으로 크기가 크다.

max() 함수	
1 max('Hi Python')	[실행결과] 'y'

max() 함수	
1 min('Hi Python')	[실행결과] ' '

`len()` 함수는 자료 길이 또는 개수가 얼마나 되는지 구해 준다. 이때 공백도 개수에 포함하여 계산된다.

len() 함수	
1 len('Hi Python')	[실행결과] 9

내장 함수의 이름을 우리는 예약어로 취급해야 한다. 가령 `max()` 함수를 변수의 이름이나

또 다른 함수의 이름으로 사용하는 것을 피해야 한다.

타입 변환 함수

기존의 자료형에서 다른 자료형으로 변경해 주는 내장 함수가 있다. int(), float(), str() 등이 해당된다.

int() 함수

int() 함수는 인수로 전달한 값을 정수로 변환해 준다. 변환할 수 없을 때는 오류가 발생한다. 문자열은 정수로 변환할 수 없기 때문에 오류가 발생한다.

1　int(77)	[실행결과] 77
1　int('33')	[실행결과] 33

```
1   int('Python')
```

[실행결과]
ValueError: invalid literal for int() with base 10: 'Python'

다음에서 확인할 수 있듯이 int() 함수는 소수점 이하를 버림하여 실수를 정수로 변환한다.

1　int(7.5)	[실행결과] 7
1　int(-5.5)	[실행결과] -5

float() 함수

float() 함수는 인수로 전달한 값을 실수로 변환해 준다. 변환할 수 없을 때는 오류가 발생한다. 문자열은 실수로 변환할 수 없기 때문에 오류가 발생한다.

1	float(52)	[실행결과] 52.0
1	float('8.765')	[실행결과] 8.765
1	float('Hello')	

[실행결과]
ValueError: could not convert string to float: 'Hello'

str() 함수

str() 함수는 인수로 전달한 값을 문자열로 변환해 준다.

1	str(65)	[실행결과] '65'
1	str(9.876)	[실행결과] '9.876'

수학 함수

파이썬에서는 수학에 관련된 함수를 제공한다. 수학 함수를 사용하려면 먼저 **math** 라이브러리를 임포트 해야 한다.

```
import math
```

라이브러리에서 제공하는 함수나 상수를 사용하려면 라이브러리 이름과 함수 이름 또는 상수 사이에 마침표(.)로 구분하여 사용한다.

math.pi는 **math** 라이브러리에서 제공하는 상수 **pi**를 가져온다는 의미이다. 이 상수는 소수점 이하 약 15자리까지의 π 값을 가진다.

```
1   radius = 5
2   area = math.pi * radius * radius
```

```
3    print(f'원의 넓이: {area}')
```

[실행결과]
원의 넓이: 78.53981633974483

난수 생성

random 라이브러리는 난수(Random Numbers)를 생성하는 함수를 제공한다. random()
함수는 0.0과 1.0 사이의 임의의 실수를 반환한다(0.0은 포함하지만 1.0은 포함하지 않
음). 다음은 random() 함수를 이용하여 10개의 실수를 출력하는 예이다.

```1   import random```
```2```
```3   for x in range(10):```
```4   num = random.random()```
```5   print(num)```
	[실행결과]
	0.9887315599847291
	0.9370511902275378
	0.5804774097030321
	0.534356037896937
	0.41114005826898803
	0.606852076304286
	0.2063619238511235
	0.46688932077375345
	0.7638692778636689
	0.905370747299088

실수가 아니라 랜덤하게 정수를 반환하려면 randint() 함수를 사용한다. randint() 함
수는 시작과 종료 범위를 지정하여 해당 범위 내의 정수를 반환하는데, 시작값과 종료값도
포함하여 랜덤 정수를 반환한다.

```
1    random.randint(5, 15)
```

[실행결과]	[실행결과]
9	14

리스트에서 요소를 랜덤하게 선택하려면 choice() 함수를 사용한다.

```
1    color = ['빨강', '파랑', '초록']
2    random.choice(color)
```

[실행결과]	[실행결과]
'파랑'	'초록'

이외에도 random 라이브러리는 연속분포에서 랜덤 값을 생성하는 함수도 제공한다.

13.3 사용자 정의 함수

사용자 정의 함수에 대하여 본격적으로 학습하기 전에 내장 함수의 실행 과정을 살펴보며 함수의 특징에 대하여 알아보자.

다음은 type() 함수를 실행한 예이다. 함수의 이름은 type()이고, 괄호 안의 값은 함수의 인수라고 한다. 인수는 함수에서 입력값으로 함수에 전달하는 값 또는 변수가 된다. type() 함수를 실행하여 반환된 결과는 '53'이라는 인수의 자료형 'int'가 출력된다는 것을 알 수 있다.

type() 함수	
1 type(53)	[실행결과] <class 'int'>

이처럼 함수 이름과 괄호 안에 인수를 작성하여 전달하고, 결과는 반환하는 것이 일반적이다.

사용자 정의 함수 규칙

사용자 정의 함수에 대해서 자세히 알아보자. 파이썬에서 함수를 선언하는 것은 비교적 간단하다. 함수를 직접 정의할 때 def 라는 예약어를 사용한다. def는 '정의하다'라는 뜻으로 영어 단어 'define'의 앞 글자에서 가져온 것이다. 함수 이름을 작성할 때도 변수 이름을 작성했던 것과 같이 규칙을 따른다.

함수명 작성 규칙	
규칙1	문자, 숫자, 밑줄(_)만 사용 가능
규칙2	함수의 첫 글자는 반드시 문자 또는 밑줄만 사용 가능
규칙3	공백 사용 불가
규칙4	예약어(print, for, int 등) 사용 불가

함수에서 어떤 일을 수행하는지 직관적으로 이해하기 쉬운 단어로 함수 이름을 정의하는 것이 중요하다. 함수 기능을 설명하는 동사 또는 명사+동사를 사용하면 좀 더 이해하기 쉽다. 함수 이름 뒤에는 빈 괄호만 작성하거나, 괄호 안에 인수를 전달받는 매개변수를 나열할 수 있다.

함수 구조는 다음과 같다. 함수를 정의해 놓고 호출할 때 실제 값을 전달하는데 전달하는 값을 인수(argument)라고 부른다. 반면 함수 정의 부분에서 함수 이름 뒤 괄호 안에는 인수를 전달받아 저장하는데 이 변수를 매개변수(parameter)라고 부른다. 매개변수는 전달받은 인수를 임시로 저장하는 변수이다. 함수 내에서 수행을 완료하고 호출했던 위치로 되돌아갈 때는 특정 값을 반환할 수 있는데 이를 반환값(return value)이라고 한다. 반환값은 없을 수도 있는데, 있다면 반드시 하나만 가능하다. 인수, 매개변수, 반환값은 없을 수도 있다.

함수 구조

$\boxed{\text{def}}$ 함수이름(매개변수1, 매개변수2, …)$\boxed{:}$ $\Big\}$ 머리 부분

(공백) 문장1

⋮ $\Big\}$ 몸체 부분

(공백) return 반환값

사용자 정의 함수 첫 번째 줄을 "머리 부분"이라고 하고, 나머지 부분은 "몸체 부분"이라고 한다. "머리 부분"은 마지막에 콜론(:)으로 끝나야 하며, "몸체 부분"은 반드시 들여쓰기를 해야 한다. 일반적으로 들여쓰기는 4칸 공백이다. "몸체 부분"에는 그동안 학습했던 다양한 명령문으로 작성할 수 있다.

사용자 정의 함수 구조

사용자 정의 함수에서 매개변수, 반환값은 있을 수도 있고 없을 수도 있다고 소개했다. 이러한 구조를 네 가지로 구분하여 자세히 살펴보자.

1) 매개변수와 반환값이 없는 경우

함수 기본 구조	def 함수명() : 　(공백) 명령문1 　　　　⋮

2) 매개변수는 있고, 반환값은 없는 경우

매개변수만 있는 함수 구조	def 함수명(매개변수1, 매개변수2, …) : 　(공백) 명령문1 　　　　⋮

3) 매개변수는 없고 반환값이 있는 경우

반환값만 있는 함수 구조	def 함수명() : 　(공백) 명령문1 　　　　⋮ 　(공백) return 반환값

4) 매개변수와 반환값이 있는 경우

매개변수와 반환값 모두 있는 함수 구조	def 함수명(매개변수1, 매개변수2, …) : 　(공백) 명령문1 　　　　⋮ 　(공백) return 반환값

사용자 정의 함수 호출

사용자 정의 함수는 만들어 놓는다고 실행되지 않는다. 실행을 위해서는 반드시 호출을 해야 한다. 호출은 함수의 이름을 작성하면 된다. 함수 정의와 호출해서 동작하는 순서를 정리하면 다음과 같다.

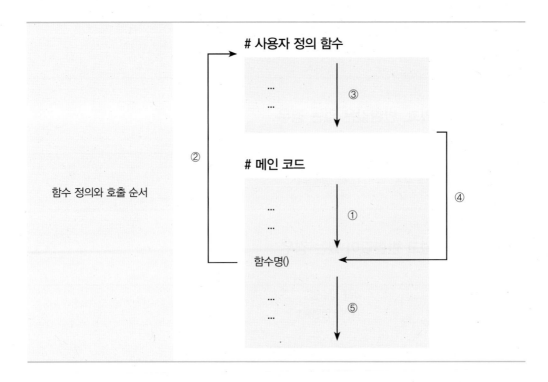

함수 정의와 호출 순서

사용자 정의 함수

...
... ③

메인 코드

...
... ①

함수명()

...
... ⑤

② ④

다음은 매개변수와 반환값이 없는 구조이다. 먼저 **sing()** 이라는 사용자 정의 함수를 작성해 놓는다.

```
1    def sing():
2        print("종강 축하합니다.")
3        print('여러분의 종강을 축하합니다.')
4        print('한 학기 수고 많았습니다.')
```

사용자 정의 함수를 호출하는 방법은 내장 함수를 호출하는 방법과 동일하다. 정의해 놓은 함수의 이름을 작성하여 호출한다. 호출 결과 위에서 정의한 함수의 명령문이 실행되어 문자열이 출력되었다.

```
1    sing()
```

[실행결과]
종강 축하합니다.
여러분의 종강을 축하합니다.
한 학기 수고 많았습니다.

다음은 매개변수와 반환값이 있는 구조이다. 사용자 정의 함수를 작성할 때 반지름을 전달받을 수 있는 매개변수 하나가 있고, 마지막 문장에 반환값이 하나 있는데 "2 * pi * radius"의 연산 결과값 하나가 반환된다. 함수 내부에는 전달받은 반지름으로 원의 둘레를 구하여 반환해 준다.

원의 둘레 함수 정의

```
1    def circumference(radius):
2        pi = 3.14159
3        return 2 * pi * radius
```

위에 정의해 놓은 함수를 실행하기 위해서는 다음과 같이 함수를 호출한다. 함수를 호출할 때는 매개변수가 하나이므로 개수에 맞게 전달해야 할 인수 하나를 작성한다.

원의 둘레 함수 호출

```
1    circumference(10)
```

[실행결과]
62.8318

두 개의 정수를 입력받아 큰 수를 결정하는 함수를 만들어 보자.

먼저 함수명이 max_value()인 함수를 정의한다. 함수의 몸체 부분에서 num1>num2에 만족하면 num1을 반환하고 만족하지 않으면 num2를 반환한다. 메인 코드에서는 입력받은 정수를 x, y에 각각 저장한다. max_value() 함수를 호출할 때 x, y를 인수로 전달하고, 함수 실행 완료 후 되돌아 올 때는 반환값을 출력한다.

정수 두 개를 입력받아 큰 수를 출력하는 함수

```
1    def max_value(num1,num2):
2        if num1>num2:
3            return num1
4        else:
5            return num2
6
7    x = int(input('정수1: '))
8    y = int(input('정수2: '))
9    print()
10   print(f'큰 수: {max_value(x, y)}')
```

[실행결과]
정수1: 25
정수2: 10

큰 수: 25

다음은 정수를 입력받아 정수에 3,6,9가 포함되어 있으면 "짝"을 출력하고 그렇지 않으면 "다음 수"를 출력하는 함수를 만들어 보자.

십의 자리에 3,6,9가 있는지는 산술연산자 '//'를 이용하고 일의 자리에 3,6,9가 있는지는 산술연산자 '%'를 이용한다. 만약 십의 자리에 3,6,9가 있다면 "짝"을 출력하고, 일의 자리에 3,6,9가 있다면 "짝"을 출력한다. 모두 만족하지 않으면 "다음 수"를 출력한다.

함수를 활용한 369 게임

```
1    def game369(num):
2        x = num//10
3        y = num%10
4        if x==3 or x==6 or x==9:
5            return '짝'
6        elif y==3 or y==6 or y==9:
7            return '짝'
8        else:
9            return '다음 수'
10
11   while True:
12       number = int(input('정수 입력: (종료 0) '))
13       if number==0:
14           break
15       else:
16           print(game369(number))
```

[실행결과]
정수 입력: (종료 0) 1
다음 수
정수 입력: (종료 0) 3
짝
정수 입력: (종료 0) 7
다음 수
정수 입력: (종료 0) 9
짝
정수 입력: (종료 0) 13
짝
정수 입력: (종료 0) 0

사용자 정의 함수의 변수 유효(사용) 범위

변수를 사용자가 정의한 함수 내부에 선언하느냐 외부에 선언하느냐에 따라 사용할 수 있는 유효 범위가 달라진다. 변수를 함수 내부에 선언하면 지역변수라고 부르는데, 지역변수는 함수 내부에서만 사용 가능하다. 변수를 함수 외부에 선언하면 전역변수라고 부르는데, 함수 내부와 외부 모두에서 사용 가능하지만 함수 내부에서는 읽기만 가능하다.

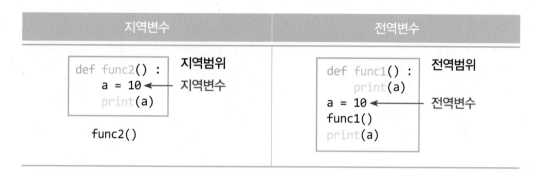

지역변수	전역변수

func1() 함수를 호출하면 a=10은 함수 종료 후 호출했던 위치로 되돌아올 때 메모리에서 사라진다. 때문에 함수 밖에서는 지역변수 a를 사용할 수 없다.

지역변수는 함수 외부에서 사용 불가

```
1    def func1() :
2        a=10
3        print(a)
4
5    func1()
6    print(a)
```

[실행결과]
NameError: name 'a' is not defined

func2() 함수를 호출하면 전역변수와 이름이 같은 a=10 문장을 만났을 때 새로운 지역변수로 생성된다. 함수 종료 후 호출했던 위치로 되돌아오면 메모리에서 사라진다. 때문에 함수 밖에서는 전역변수 a의 값을 출력한다.

지역변수와 전역변수 이름이 같을 때

```
1    def func2() :
2        a=10
3        print(a)
4
5    a=20
```

[실행결과]
10
20

```
6    func2()
7    print(a)
```

func3() 함수 내부에 전역변수 a를 수정하기 위한 global a 문장을 작성한다. 함수 종료 후 호출했던 위치로 되돌아갔을 때 함수 밖에서 전역변수 a의 값이 변경된 것을 확인할 수 있다.

전역변수를 수정하려면 global 키워드 사용	
1 def func3() : 2 global a 3 a=10 4 print(a) 5 6 a=20 7 func3() 8 print(a)	[실행결과] 10 10

앞에서 살펴본 지역변수와 전역변수에 대한 특징을 정리하면 다음과 같다.

지역변수와 전역변수 특징
1. 함수 안의 변수들은 지역변수로 함수 영역 밖에서는 호출하여 사용할 수 없다. 2. 지역변수명과 전역변수명이 같은 경우 해당 함수에서 지역변수를 새로 생성한다. 3. global 문을 사용하면 함수 안에서도 전역변수의 값을 수정할 수 있다.

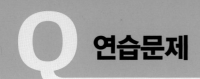
문제 1

다음 프로그램의 실행결과를 작성하시오.

```
1    x = 3
2    print('반가워')
3
4    def farewell_sing():
5        print('떠날 때 창틀에 화분이 비었길래')
6        print('뒤 뜰의 꽃을 옮겨 담았어요 제라늄 꽃을')
7
8    print('안녕')
9    x = x + 2
10   print(x)
```

[실행결과]

문제 2

다음 프로그램의 실행결과를 작성하시오.

```
1    x = 3
2    print('반가워')
3
4    def farewell_sing():
5        print('떠날 때 창틀에 화분이 비었길래')
6        print('뒤 뜰의 꽃을 옮겨 담았어요 제라늄 꽃을')
7
8    print('안녕')
9    farewell_sing()
10   x = x + 2
11   print(x)
```

[실행결과]

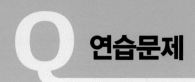

문제 3

다음 프로그램의 인수와 매개변수를 작성하시오.

```
1    def max_value(num1,num2):
2        if num1>num2:
3            print(f'큰 수: {num1}')
4        elif num2>num1:
5            print(f'큰 수: {num2}')
6        else:
7            print('두 수는 같다.')
8
9    x = int(input('정수1: '))
10   y = int(input('정수2: '))
11   print()
12   max_value(x, y)
```

[인수]

[매개변수]

문제 4

다음 프로그램의 실행결과를 작성하시오.

```
1    def hi():
2        print('안녕 반가워')
3    def goodbye():
4        print('다음에 또 보자')
5
6    hi()
7    goodbye()
8    hi()
```

[실행결과]

문제 5

실행결과와 같이 출력되도록 밑줄에 알맞은 코드를 완성하시오.

```
1   def greeting(_____):
2       if lang == 1:
3           print('Hola')
4       elif lang == 2:
5           print('Bonjour')
6       elif lang == 3:
7           print('안녕')
8       else:
9           print('지원하지 않는 언어')
10
11  num = int(input('언어 선택: (1:스페인어 2:프랑스어 3:한국어) '))
12  greeting(num)
```

[실행결과]

언어 선택: (1:스페인어 2:프랑스어 3:한국어) 1

Hola

[실행결과]

언어 선택: (1:스페인어 2:프랑스어 3:한국어) 2

Bonjour

[실행결과]

언어 선택: (1:스페인어 2:프랑스어 3:한국어) 3

안녕

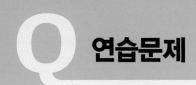

연습문제

문제 6

입력받은 두 문장을 연결하여 반환하는 함수를 이용한 프로그램이다. 다음 프로그램을 반환 값이 있는 형태로 수정하시오.

```
1    def str_concat(s1,s2):
2        print(s1+s2)
3
4    str1 = input('문장1 입력: ')
5    str2 = input('문장2 입력: ')
6    str_concat(str1,str2)
```

[실행결과]
문장1 입력: 가가
문장2 입력: 호호
가가호호

[반환 값 있는 형태]

문제 7

메뉴 번호를 입력하면 해당 메뉴의 가격을 출력해 주는 함수를 이용한 프로그램이
다. 실행결과를 참고하여 프로그램을 완성하시오.

```
1   def order(m):
2
3
4
5
6
7
8
9
10
11
12
13
14
15
16   menu=int(input('메뉴 선택: (1:아메리카노 2:카푸치노 3:바닐라라떼) '))
17   order(menu)
```

[실행결과]

메뉴 선택: (1:아메리카노 2:카푸치노 3:바닐라라떼) 1

아메리카노 가격: 2500원

[실행결과]

메뉴 선택: (1:아메리카노 2:카푸치노 3:바닐라라떼) 2

카푸치노 가격: 3500원

문제 8

점수를 입력하면 평가 결과를 출력해 주는 함수를 정의하고 호출하여 실행하는 프로그램을 작성하시오.

〈조건〉

1) 90점 이상 ~ 100점 : 매우 잘함, 80점 이상 ~ 90점 미만 : 잘함, 70점 이상 ~ 80점 미만 : 보통, 60점 이상 ~ 70점 미만 : 노력 필요,0점 ~ 60점 미만 : 재수강

2) 0점 미만 또는 100점 초과 : 잘못된 점수

[실행결과]

점수 입력: 95

매우 잘함

[실행결과]

점수 입력: 78

보통

[실행결과]

점수 입력: 120

잘못된 점수

찾아보기

찾아보기